AF523476

Helmut Hochfilzer

GENUSSGRILLEN

Spezialitäten für alle Jahreszeiten

VERLAG ANTON PUSTET

Helmut Hochfilzer

GENUSS GRILLEN

Spezialitäten für alle Jahreszeiten

VERLAG ANTON PUSTET

Impressum

Bibliografische Information der
Deutschen Nationalbibliothek
Die Deutsche Nationalbibliothek
verzeichnet diese Publikation
in der Deutschen Nationalbibliografie;
detaillierte bibliografische
Daten sind im Internet über
http://dnb.d-nb.de abrufbar.

Fotos: © Wolfgang Pfau

Text und Redaktion: Beatrix Binder
Grafik, Satz und Produktion: Tanja Kühnel
Lektorat: Martina Schneider
Druck: Druckerei Theiss, St. Stefan im Lavanttal
Gedruckt in Österreich

ISBN 978-3-7025-0799-2

1 2 3 4 5
16 17 18 19

www.pustet.at

Inhaltsverzeichnis

Sommer

Herbst

Winter

Kaiserlich gut!

Warum denn bitte noch ein Grillbuch?
Weil es so eines wie dieses noch nicht gibt.

Eines, bei dem es nicht um ausgefinkelte Rezepte geht, sondern um den gemeinsamen Genuss – und das zu jeder Jahreszeit. Ein Buch, das die Geselligkeit feiert, mit Gelächter, Geschichten und gegrillten Köstlichkeiten. Das gemeinsame Werkeln, das Erlebnis an der Feuerstelle und jede Menge Lebensfreude stehen dabei im Vordergrund. Denn als Fan der glühenden Kohlen ist man nie allein: Das Versammeln um die Feuerstelle hat seit der Urgeschichte der Menschheit Tradition.

Eine Tradition, die bei dem Tiroler Gastronomen Helmut Hochfilzer eine äußerst entspannte Renaissance erfährt. Im besten Sinn des Spruchs, dass Tradition nicht die Anbetung der Asche meint, sondern die Weitergabe des Feuers. Und Hochfilzers Flamme brennt für den Genuss. Dabei kommen nicht nur geschmackliche Köstlichkeiten wie original italienische Pizza, Lammkarree mit Kräuterrisotto oder das Weihnachtsgansl auf den Tisch, sondern auch der beste Umgang mit dem heißen Feuer wird beschrieben. Grill-Profi Hochfilzer verrät Tipps und Tricks, wie man sich das Leben am Rost leichter machen kann, damit mehr Zeit für die Gäste bleibt. Bei ihm dreht sich alles um die optimale Vorbereitung und das beste Ergebnis.

Am Herzen liegt dem Tiroler Gastronomen vor allem der gemeinschaftliche Genuss, bei dem auch die umgebende Landschaft eine tragende Rolle spielt. Hochfilzers Grillseminare finden vor der Kulisse des Wilden Kaisers statt, des mächtigen Herrschers über die Tiroler Region zwischen Söll und Going. Eine Region, die in letzter Zeit auch als Reich des TV-Bergdoktors bekannt geworden ist. Geprägt von steilen Felswänden, üppigen Bergwiesen und sonnigen Almen. Nicht nur eine Landschaft, sondern ein Gefühl. Geschmacklich abgerundet durch Hochfilzers Köstlichkeiten wird sie zu einer wirklichen Genussregion und damit im wahrsten Sinn des Wortes einfach kaiserlich gut!

Beatrix Binder

Helmut
*****
unserer Herzen
und Frank

Feuer & Flamme

Das sonnenverwöhnte Söllländl zwischen Wildem Kaiser und Hoher Salve ist nicht nur Schauplatz der bekannten Bergdoktor-Filme. Nein, es gibt dort auch einen ganz besonderen kulinarischen Kraftort: Auf der weit ausladenden Terrasse seines Genusslandhotels legt der Tiroler Gastronom Helmut Hochfilzer für seine Gäste köstliche Schmankerl auf den Grill. Und da im Herrschaftsgebiet des Wilden Kaisers alles möglich ist, kommen nicht nur typische Grillgerichte auf den Rost. Es gibt auch Salzburger Nockerl, fruchtige Moosbeernocken und deftige Tiroler Speckbrötchen.

Dem Bergdoktor würde das Wasser im Mund zusammenlaufen: Direkt vor seiner Nase, am Berg gegenüber seinem Frühstücksplatz am idyllischen Gruberhof in Söll, steigen sanfte Rauchschwaden in die Luft. Dort werkelt Helmut Hochfilzer an seinem Grill, sozusagen mitten in der Filmkulisse für die Dramen rund um den Bergdoktor. „Bei Dreharbeiten können wir mit dem Fernglas auf die Frühstücksteller der Schauspieler sehen", scherzt Helmut Hochfilzer. Für ihn und seine Lebenspartnerin Heidi Schwaiger gibt es schon lange ein Happy End. Gemeinsam haben sie das Genusslandhotel geschaffen, ein charmantes Kleinod an einem sonnigen Platz direkt an der Tiroler Wegstrecke des europäischen Jakobswegs. Ruhe ringsum, begleitet vom heimeligen Gebimmel der Kuhglocken und dem leisen Wiehern der Pferde. Nebenan führt Helmuts Schwester Gabi eine Haflingerzucht und betreibt die kleine Landwirtschaft der Familie.

Das Hotel selbst steht da, wo Helmuts Eltern einst einen Gasthof führten. Ihn haben Helmut Hochfilzer und Heidi Schwaiger im Jahr 2012 übernommen und von Grund auf renoviert. Behutsam Tradition und Moderne zusammengeführt. Der Charakter des kleinen, familiär geführten Betriebs ist erhalten geblieben, der gemütliche Charme der Tiroler Gaststube genauso wie das romantische Flair des einstigen Bauernhofs mit seinen mächtigen Holzbalken. „Wir wollten das ursprüngliche Ambiente erhalten, aber modernen Bedürfnissen anpassen", so das Ziel der beiden Gastgeber.

Die Küche von Restaurant und Hotel liegt ganz in den Händen des jungen Sölllandlers, wie die Einheimischen genannt werden. „Das würde auch gar nicht anders funktionieren" meint er mit einem Seitenblick auf seine Heidi, die ihm ihrerseits mit dem Zeigefinger droht. Die Zuständigkeiten sind klar definiert. So hat jeder seinen Platz im Betrieb. Die ausgebildete Hotel- und Gastgewerbe-Assistentin Heidi kümmert sich an der Rezeption um die Gäste, ist Hausdame sowie Anlaufstelle für die Mitarbeiter und nicht zuletzt Mutter der beiden gemeinsamen Töchter Chiara und Michelle.

Dass sie einmal in Söll hängen bleiben würde, hätte sich die unternehmungslustige junge Frau nicht gedacht. „Eigentlich wollte ich wieder zurück aufs Schiff", lächelt sie. Bevor sie als Saisonkraft in den Ort kam, erkundete sie nämlich auf dem Traumschiff die Welt: Übers Mittelmeer, die Nordsee, Südamerika und die Karibik führten sie ihre Reisen sozusagen auf dem direkten Weg nach Söll – und in die Arme von Helmut Hochfilzer. Seit Ewigkeiten sind die beiden zusammen, haben eine Familie gegründet und sich gewissenhaft

darauf vorbereitet, den elterlichen Betrieb zu übernehmen. Hochfilzer selbst ist Absolvent der Salzburger Hotelfachschule Klessheim und hat seine gastronomischen Erfahrungen im ehemaligen Gourmetrestaurant Schindlhaus in Söll gemacht. Bevor er das Haus seiner Eltern übernahm, war er Geschäftsführer des Fremdenverkehrsverbands Söll. Die Gastfreundschaft liegt ihm sozusagen im Blut.

Im Blut liegen ihm auch die Gaumenfreuden: Die Küche war schon seit der Kindheit sein Lieblingsplatz: Zuerst als Topfgucker bei seiner Mutter, die ihre Gäste mit bodenständiger Kost verwöhnte. „Meine Lieblingsspeise waren ausgezogene Nudeln, ‚Ziachkiachl', wie man im Sölllandl sagt. Die hat sie immer extra für mich gemacht", erinnert sich Helmut Hochfilzer. Bodenständig liebt er es auch heute noch, auch wenn er ständig daran arbeitet, seine Rezepte zu verfeinern und mit interessanten Aromen zu veredeln. „Wir verwenden in der Küche Alpenkräuter aus dem eigenen Garten", erzählt der Küchenchef. Eine Quelle direkt vom Berg versorgt das ganze Haus mit dem „Wellwasser", einer weiteren Spezialität bei den Hochfilzers.

Vor ein paar Jahren hat Helmut Hochfilzer eine weitere Leidenschaft für sich und seine Gäste entdeckt: das Grillen. Angefangen hat es bei der Firstfeier vor vier Jahren, bei der ein zünftiger Schweinsschopf auf die Feuerstelle kam. Seither ist kein Lebensmittel mehr vor seinem Grill sicher, sei es Lachs oder Lamm, Rehrücken oder Risotto, sogar Kaiserschmarren und Lebkuchensoufflés kommen vom Grill. „Da gelingen sie immer, denn die Hitze ist dort viel gleichmäßiger als im Backofen", weiß der erfahrene Grillmeister. Sein Wissen will er nicht für sich behalten. Gerne gibt er es im Rahmen von Seminaren an seine Gäste weiter. „Was kann es Schöneres geben als den gemeinschaftlichen Genuss?" Und er tritt regelmäßig den Beweis an, dass es eben nichts Schöneres gibt.

Denn am liebsten ist es ihm, zusammen mit seinen Gästen auf der sonnigen Terrasse an der Feuerstelle zu stehen und sie in die Kunst des Grillens einzuführen. „Wichtig ist mir dabei vor allem das Gesellige", betont er. Das heißt, eben nicht unentwegt und schweißgebadet am Grill zu stehen, sondern gemeinsam mit den Teilnehmern die Zutaten vorzubereiten und ihnen die Kniffe beizubringen, die für ein gutes Gelingen sorgen. Die hohe Kunst des Genießens möchte er gerne mit diesem Grill-Kochbuch weitergeben.

Sein Tipp für die zukünftigen Anwender seiner Rezepte: „Es muss beim Grillen kein fünfgängiges Menü sein, man kann zwei oder drei Gänge vorbereiten und sich immer wieder gemütlich zu seinen Gästen setzen", lautet die Maxime seines Genussgrillens. Wer glaubt, das sei ausschließlich ein Sommervergnügen, der irrt: Ein besonderer Höhepunkt ist das Ganslgrillen an Martini, das auch schon mal im Schnee stattfinden kann. „Das macht gar nichts, am Grill ist es sowieso warm, und man kann sich drinnen auch zwischendurch aufwärmen", schmunzelt Hochfilzer.

Er hat erkannt, dass es nicht nur darauf ankommt, was auf dem Teller ist. Wichtig ist auch eine entspannte Atmosphäre und der Spaß, den man beim gemeinschaftlichen Werkeln haben kann. „Kein Genuss ist vorübergehend, denn der Eindruck, den er zurücklässt, ist bleibend". Dieses Zitat Johann Wolfgang von Goethes ziert den Eingang zur Gaststube des Hotels und ist Programm. Ob bei so viel Genuss auch einmal der Bergdoktor vorbeikommt? „Er ist herzlich eingeladen", grinst der Grillmeister. Dass er dabei auch viel Spaß haben wird, kann man sich lebhaft vorstellen.

Welcher Grilltyp sind Sie?

Holzkohle, was sonst

Für viele Grillbegeisterte ist ein Holzkohlegrill ein Must. Die leise knisternde Glut und die würzigen Raucharomen des Feuers gehören für sie zum archaischen Grill-Feeling einfach dazu. Man sollte allerdings Zeit zum Vorheizen einplanen – für eine gleichmäßige Glut mindestens 30 Minuten. Bei dieser Methode können Rauch und Ruß entstehen. Der Grill kann somit nicht überall uneingeschränkt genutzt werden. Denn Rücksichtnahme auf die Nachbarn ist beim Grillen angesagt.

Deckel drauf

Der Kugelgrill ist eine Variante des Holzkohlegrills. Durch den Deckel wird indirektes Grillen möglich. Da die Hitze von den Innenseiten des Grills abstrahlen kann, wird das Grillgut gleichmäßig gar. Besonders für Kurzgebratenes oder beim Backen kann das von Vorteil sein. Durch das Abdecken wird der Sauerstoffgehalt innerhalb des Grills auf ein Minimum beschränkt. So kann tropfendes Fett die Kohle nicht zum offenen Brennen bringen. Im Kugelgrill gelingen auch größere Fleischstücke. Sie werden besonders schonend gegart.

Der Gasgrill

Anzünden und loslegen: Das schnelle Anheizen ist ein Vorteil des Gasgrills gegenüber dem Holzkohlegrill. Eine saubere Alternative zur Holzkohle, da sich kaum Qualm und Ruß entwickeln. Man benötigt nur Gaskartuschen, die man einmal kauft und immer wieder austauschen kann. Sie werden im Gegensatz zur Grillkohle auch nicht nass, wenn es einmal regnet.

Der Elektrogrill

Für spontane Aktionen: Der wohl sauberste und anpassungsfähigste Grill ist der Elektrogrill – vorausgesetzt, eine Steckdose ist in der Nähe. Anzünden und Vorheizen entfällt, und es kann kein Fett in die Glut tropfen. Das Saubermachen ist einfacher, es fällt keine Asche an. Ein großer Vorteil ist, dass man einen solchen Grill auch in Innenräumen nutzen kann. So kann ein plötzlicher Wolkenbruch der Grillparty kein Ende setzen. Besonders in Wohnanlangen, in denen das Grillen auf dem Balkon verboten ist, ist er der ideale Grill. Kritiker behaupten, dass Grillgut schmecke nicht nach Holzkohle, in Blindtests konnten die Probanden jedoch keine Unterschiede feststellen.

Hochfilzers Tipp: Wer es klassisch mag und die Lagerfeuer-Atmosphäre schätzt, der ist mit einem Holzkohlegrill richtig beraten. Ist man Spontangriller und möchte am liebsten sofort loslegen, dann ist man mit einem Gas- oder Elektrogrill auf der richtigen Seite. Doch egal, für welchen Grill man sich entscheidet: Auf jeden Falls sollte er einen Deckel und ein Thermometer haben, um die beschriebenen Grillrezepte je nach Anforderung direkt oder indirekt grillen zu können.

Direktes oder indirektes Grillen?

Direktes Grillen ist das, was jeder kennt: Kohle unten, Grillgut oben. Das heißt, Letzteres liegt direkt über der glühenden Kohle und ist dabei einer sehr starken Hitze ausgesetzt. So werden Temperaturen zwischen 400 und 800 °C erreicht. Das ist ideal für kleine Fleischstücke oder für eine Bratwurst. Passt auch sehr gut für Steaks und Hamburger sowie für Hähnchenbrust oder Fischfilets und für Gemüse. Durch die starke Hitze werden die Stücke scharf angebraten, es bildet sich eine schöne Kruste. Zudem erzeugt der heiße Grillrost ein schönes Muster auf dem Fleisch. Geschmacklich wundervoll – wenn man es bei der Hitze nicht übertreibt – wird das Grillgut durch die Röstaromen.

Beim **indirekten Grillen** treffen Hitze und Grillgut nicht mehr direkt aufeinander. Die Glut wird so angeordnet, dass sie nicht unter dem gesamten Grillrost liegt. Dabei gibt es verschiedene Varianten. Einmal kann sie nur auf der einen Seite des Rosts liegen, oder auch an beiden Seiten, die Mitte bleibt dabei frei. Sie kann aber auch nur in der Mitte liegen oder nur außen herum. Wichtig ist, dass ein Bereich des Grillrosts frei bleibt und ohne direkte Hitze genutzt werden kann. So bleiben die Temperaturen niedriger und liegen etwa zwischen 120 und 200 °C.

Ein Kugelgrill ist für indirektes Grillen optimal geeignet, denn dabei kann der Deckel geschlossen werden. Die Hitze wird von allen Seiten zurückgestrahlt, das Fleisch wird sanfter gegart. Auch größere Stücke werden auf diese Art und Weise durch und durch erhitzt, ohne zu verbrennen. Durch die Wärmezufuhr von allen Seiten muss das Grillgut seltener gewendet werden als beim direkten Grillen. Da die Hitze von allen Seiten auf das Grillgut einwirkt, kann es das Aroma der Holzkohle besser aufnehmen.

Letztlich ist indirektes Grillen die gesundheitsverträgliche Variante, da das Fett nicht in die Glut tropft. Das lässt sich aber auch beim direkten Grillen durch eine Grillschale verhindern.

Ein weiterer Vorteil beim indirekten Grillen: Die Gäste müssen nicht mehr pünktlich zur Stelle sein, denn das Grillgut kann länger garen und bleibt trotzdem zart und saftig.

Auf der anderen Seite dauert das Garen bei der indirekten Methode etwas länger, und die Kruste wird nicht so knusprig wie beim direkten Grillen. Dem kann man allerdings entgegenwirken, indem man nach dem indirekten Grillen das Fleisch noch einmal kurz direkt grillt.
Fazit: Indirektes Grillen eignet sich besonders, um größere und dickere Fleischstücke zu grillen oder aber ganze Hähnchen und Rippen. Teilweise werden solche auch zunächst auf direkter Hitze gegrillt und dann indirekt fertig gegart.

Hochfilzers Tipp: Da jede Methode ihre Vor- und Nachteile hat, sollte man beide einmal ausprobieren. Nur wer den Unterschied in der Praxis kennengelernt hat, kann entscheiden, wie er vorgehen möchte. Am besten ist wohl eine Kombination beider Methoden, abhängig vom jeweiligen Grillgut.

Aufgepasst!

Beim Anzünden: Benzin und Spiritus sind tabu, sowohl beim Anzünden als auch beim Nachheizen! Am besten einen Anzündkamin verwenden. Das ist im Prinzip eine kleine Blechdose mit einem Gitterboden im unteren Drittel und einem Henkel mit Hitzeschild. In diesen Anzündkamin füllt man oben die Kohle hinein, darunter legt man einen Anzündwürfel. Nach 15 Minuten ist die Dose durchgeglüht, die Kohle kann in den Grill gegeben werden.

Bei der Standortwahl: Der Grill sollte sicher und eben stehen und weit genug von Gegenständen entfernt, die durch den Funkenflug Feuer fangen könnten (Schirme, Girlanden, Lampions). Untergrund und Umgebung sollten nicht brennbar sein. Brennende Holzkohlegrills gehören nicht in die Garage oder den Schuppen – es besteht Erstickungsgefahr durch Kohlenmonoxid, das völlig geruchlos ist.

Beim Grillen: Auf Kinder achten: Ihre Augenhöhe liegt in der Höhe der Glut, und Fett kann zu Verbrennungen führen. Besser die Kids vom Grill fernhalten.

Beim Gas- oder Elektrogrill: Beim Gasgrill vorher kontrollieren, ob alle Schläuche dicht sind und kein Gas ausdringt. Nach dem Grillen die Gaszufuhr schließen. Elektrogrill nicht mit Wasser in Berührung bringen, um einen Kurzschluss zu vermeiden.

Nach dem Grillen: Holzkohle nach dem Grillen sicherheitshalber löschen, doch nie mit Wasser, wegen Verbrühungsgefahr. Besser sind Sand oder Erde. Bei einem Kugelgrill genügt es, nach dem Grillen den Deckel zu schließen und die Luftzufuhr abzuriegeln.

Bei der Wahl des Werkzeugs: Ob Zange, Gabel oder Bratschaufel, langstielig sollte das Besteck sein, das vermindert die Verbrennungsgefahr. Heiße Gegenstände mit Grillhandschuhen anfassen.

Bei der Sauberkeit: Vor dem Grillen unbedingt die Reste des letzten Grillevents entfernen. Doch muss der Rost nicht so gesäubert werden, dass er wie neu aussieht, das ist auch gar nicht möglich. Schließlich ist er Temperauren von mehreren Hundert Grad ausgesetzt.

Bei der Zubereitung: Sauberkeit ist beim Grillen sehr wichtig. Fisch, Wild und Geflügel sind anfällig für Salmonellen. Deshalb sollte man die Kühlung vor allem an heißen Sommertagen ernst nehmen, ebenso das Erreichen der richtigen Kerntemperatur bei der Zubereitung. Zudem sollten diese Zutaten getrennt gelagert und zubereitet werden. Schneidebretter, Messer und Wischlappen häufig wechseln, am besten für jede Zutatensorte getrennt verwenden.

Bei der Wahl des Brennmaterials: Die richtige Kohle hat eine leicht glänzende Färbung, einen metallischen Klang und einen geringen Staubanteil. Gute Kohle wird meist aus hartem Laubholz (Buche) hergestellt, das unter Luftabschluss verkohlt und am Ende fast nur noch aus Kohlenstoff besteht. Briketts sind gepresster Kohlenstaub. Deren höhere Dichte hat zur Folge, dass sie schwerer an-, dafür aber länger und heißer abbrennen.

Garproben-Varianten & Kerntemperatur

Anstich: Fisch am besten mit einem kleinen Metallspieß oder mit dem Zinken einer Gabel anstechen. Wenn das Fleisch an der dicksten Stelle weiß ist, ist der Fisch gar. Beim Geflügel das Fleisch ebenfalls an der dicksten Stelle anstechen. Es darf keine rosa Stellen mehr am Knochen oder in der Mitte haben.

Fingerdruck: Bei Rind- oder Schweinefleisch besser den Fingerdruck-Test anwenden. Dabei drückt man die dickste Stelle mit dem Finger ein. Gibt das Fleisch sehr nach, dann ist es noch „rare", also innen noch sehr blutig. Fühlt es sich nur leicht elastisch an, dann ist es „medium", wie es die meisten bevorzugen. Im Endstadium gibt das Fleisch beim Drücken kaum mehr nach, dann ist es vollkommen durchgebraten oder „well done".

Bratenthermometer: Bei kompakteren Fleischstücken empfiehlt sich ein Bratenthermometer. Es wird in die dickste Stelle des Fleischs eingeführt, um dort die Kerntemperatur zu messen. Als Richtwerte gelten: beim Rind 60°C, beim Schwein 70 °C, bei Geflügel 80 °C, bei Wild 80 °C.

Tipps & Tricks

Rund ums Fleisch

Faustregel: Wenn man das Fleisch im Ganzen grillt und indirekt bei etwa 160 °C, benötigt man rund eine Stunde pro Kilogramm Grillgut.

Am besten gut marmoriertes, das heißt, mit Fettadern durchzogenes Fleisch verwenden. Mageres Fleisch trocknet leicht aus.

Bei Beiried oder Schweinekotelett die Fettränder zum Grillen dranlassen. Um zu vermeiden, dass sich das Fleisch zusammenzieht, den Fettrand mit einem scharfen Messer in Abständen von etwa fünf Zentimetern leicht einschneiden.

Für ein zart-mürbes Ergebnis: Fertig gegrillte Stücke mit Alufolie bedecken und am Grillrand etwa fünf bis zehn Minuten rasten lassen.

Für ein saftiges Ergebnis: Das Fleisch erst bei weißglühender Holzkohle auf den Grillrost legen. Zuerst über der Glut in der Mitte platzieren, zum Fertiggaren an den Rand schieben.

Bei nicht mariniertem Fleisch empfiehlt es sich, die Stücke vor dem Grillen mit Öl zu bepinseln. Bei starker Hitze beidseitig angrillen, dann am Rand des Grillrosts langsam fertig garen.

Marinieren

Am besten das Grillgut bereits am Vortag vorbereiten: Zusammen mit der Marinade aus Gewürzen oder frischen Kräutern in einen Gefrierbeutel geben, Luft herauspressen, Säckchen verschließen – und ab damit in den Kühlschrank. So wird das Fleisch mürbe und erhält den richtigen Geschmack.

Achtung: Das Salz kommt erst direkt vor oder nach dem Grillen dran. Sonst entzieht es dem Fleisch Wasser, und es wird weniger saftig.

Vor dem Grillen

Achtung, Zimmertemperatur: Das marinierte Fleisch einige Zeit vor dem Grillen aus dem Kühlschrank nehmen. Rind- und Schweinefleisch benötigen rund zwei Stunden, Hähnchen und Fisch etwa eine Stunde, um auf Raumtemperatur zu kommen.

Aromatherapie

Wer es beim Grillen aromatisch liebt, streut während des Grillens Kräuter in die Glut, zum Beispiel Rosmarin, Thymian oder Lorbeerblätter. Das geht auch mit Tannennadeln und eingeweichten Walnuss- oder Haselnuss-Schalen.

Beim Grillen

Die Grillzeiten, die bei den Rezepten angegeben sind, sollen als Orientierungshilfe dienen. Wer es genau wissen möchte, dem sei eine **Garprobe** empfohlen.

FRÜHLING

Gegrillter Spargel mit Vogerlsalat und Grilltomate

8 Stangen	weißer Spargel
4 Handvoll	Vogerlsalat
4	Fleischtomaten
	Basilikumblätter, fein gehackt
½	Paprikaschote, würfelig geschnitten
	Butter
	Staubzucker nach Geschmack
	Salz und Pfeffer aus der Mühle
	Olivenöl, Balsamessig
4 Bogen	Backpapier

Den Grill auf ca. 150 °C vorheizen. Je zwei Stangen geschälten Spargel auf einen Backpapierbogen legen. Etwas Staubzucker, Salz und Butter zugeben. Den Spargel wie ein Bonbon in das Backpapier einwickeln. Wichtig ist, dass er dicht eingeschlagen ist, damit kein Dampf entweichen kann. Danach auf dem Grill ca. 15 Minuten bei indirekter Hitze garen.

Den gewaschenen Vogerlsalat trocken schleudern. Mit Salz und Pfeffer aus der Mühle würzen und mit etwas Staubzucker bestreuen. Den Vogerlsalat mit Olivenöl und Balsamessig nach Geschmack marinieren.

Bei den Fleischtomaten den Deckel abschneiden und die Tomaten aushöhlen. Das Tomatenfleisch mit den Paprikawürfeln und dem Basilikum mischen. Mit Salz und Pfeffer würzen und in die Tomaten füllen, den Deckel daraufsetzen. Kurz bei 150 °C direkter Hitze und geschlossenem Deckel grillen.

Vogerlsalat und „Spargelbonbons“ sowie Grilltomate auf dem Teller anrichten.

Gegrillter Spargel im Speckmantel

4 Stangen	weißer Spargel (gekocht)
4 Stangen	grüner Spargel (roh)
8 Scheiben	Frühstücksspeck oder Lardoschinken
	Salz, Pfeffer
etwas	Balsamico-Creme

Den Grill auf ca. 160 °C vorheizen.

Den Spargel mit einer Prise Salz und Pfeffer würzen.

Anschließend die Spargelstangen mit je einer Scheibe Speck oder Lardoschinken schräg umwickeln, sodass der Spargel bis zum Kopf bedeckt ist. Die Spargelstangen auf den Grill legen und 4–6 Minuten direkt grillen. Der Speck sollte dabei knusprig werden. Zum Servieren auf etwas Balsamico-Creme setzen. Dazu passt ein Tiroler Speckbrötchen (Seite 30).

Tiroler Speckbrötchen

½ Würfel	Germ
175 ml	lauwarmes Wasser
350 g	glattes Mehl, gesiebt
2 EL	Olivenöl
1 TL	Zucker
60 g	würfelig geschnittener Tiroler Schinkenspeck
1 EL	Rosmarin, gehackt
1 TL	grobes Salz

Pizzastein, etwa 15 Minuten bei indirekter Hitze vorgeheizt

Den Germ im lauwarmen Wasser auflösen. Olivenöl, Zucker und Salz hinzugeben, das Mehl langsam einsieben. Zusammen mit den restlichen Zutaten zu einem elastischen Teig verarbeiten und abgedeckt an einem warmen Platz 20 Minuten rasten lassen. Anschließend gleich große, runde Brötchen formen und noch einmal 15 Minuten ruhen lassen.

Pizzastein mit etwas Mehl bestäuben, Brötchen auflegen und bei 180 °C und geschlossenem Deckel etwa 15 Minuten goldbraun backen.

Den Teig 5 Minuten vor Grillende mit etwas Olivenöl einstreichen – das verleiht dem Brötchen Glanz.

Tagliolini im Wok mit gegrillten Riesengarnelen

Nudelteig

100 g	Hartweizenmehl
100 g	Mehl
2	Eier
1 EL	Olivenöl

Garnelensoße

16	Black Tiger Garnelen
200 g	Kirschtomaten
30 g	Olivenöl
200 g	Obers
100 ml	Gemüsefond
40 g	Zwiebel, fein gehackt
½	Knoblauchzehe, fein gehackt
10 ml	Cognac
	Salz, Pfeffer aus der Mühle
6 frische	Basilikumblätter, klein gehackt und mit
40 g	Butter vermischt
etwas	Dill zum Garnieren

Für den Nudelteig die zwei Sorten Mehl vermischen. Die Eier verquirlen und anschließend mit dem Mehl und dem Olivenöl zu einem mittelfesten, geschmeidigen Teig kneten. Den Teig in Folie oder einen Gefrierbeutel einwickeln und für eine Stunde rasten lassen. Anschließend mit der Nudelmaschine (oder Rollholz) zu 1 Millimeter dünnen Teigblättern ausrollen und in dünne Bandnudeln schneiden. Achtung: Beim Ausrollen die Arbeitsplatte mit Hartweizenmehl bestäuben, damit die Bandnudeln nicht zusammenkleben. Die Nudeln häufchenweise auf ein Holzbrett legen und bis zum Kochen etwas antrocknen lassen.

Für die Garnelensoße den Grill direkt für den Wok anheizen. Den Wok auf den Grill geben, sodass er zum Anbraten bereits Temperatur hat. Garnelen aus der Schale herausbrechen und den Darm mit einem Zahnstocher entfernen. 8 Garnelen in 1 Zentimeter große Stücke schneiden, die anderen 8 beiseite legen (Schwanzende bei diesen dranlassen!).
Kirschtomaten waschen und halbieren oder vierteln. Olivenöl im Wok erhitzen, die geschnittenen Garnelen kurz anbraten, Zwiebel und Knoblauch dazugeben und kurz mitdünsten. Anschließend mit Cognac und Obers aufgießen, Kirschtomaten dazugeben. Die Soße etwas einkochen lassen, mit Salz und Pfeffer abschmecken und zwei Teelöffel der geschmolzenen Basilkumbutter dazugeben.

Die Tagliolini in reichlich Salzwasser ca. 4 Minuten al dente (bissfest) kochen. Die Bandnudeln abgießen und in der heißen Garnelensoße schwenken.

Die acht restlichen Riesengarnelen bis zur Mitte einschneiden, damit sie sich beim Braten etwas öffnen. Den Grill anheizen und die Garnelen glasig direkt 2 Minuten auf beiden Seiten angrillen und mit der restlichen geschmolzenen Basilikumbutter beträufeln. Die Nudeln auf die vorgewärmten Teller verteilen und die Riesengarnelen darauflegen, eventuell mit etwas Dill garnieren.

Original italienische Pizza

½ Würfel	Germ
140 ml	lauwarmes Wasser
280 g	glattes Mehl
2 EL	Olivenöl
5 g	Zucker
5 g	grobes Salz

80 ml	passierte Tomaten, mit Salz, Pfeffer, Oregano und etwas Olivenöl gewürzt
2	Tomaten
4	Champignons
100 g	Mozzarella oder Pizzakäse
ein paar	Oliven, Tomaten, Champignons, Salami, Schinken oder Gemüse nach Belieben zum Belegen

Pizzastein ca. 15 Minuten vorheizen! (kann ein Schamottestein sein, wie es ihn im Baumarkt gibt, auf keinen Fall Granit, denn der springt)

Germ im lauwarmen Wasser auflösen und Öl, Zucker und Salz zugeben. Mehl einsieben und die Masse zu einem elastischen Teig verarbeiten, 30 Minuten ruhen lassen. Den Teig in vier gleich große Fladen teilen und noch einmal 15 Minuten gehen lassen.

Nun jede Flade einzeln auf einer bemehlten Fläche mit einem Nudelholz auf eine Stärke von fünf Millimetern ausrollen. Die vier Teigfladen mit der Tomatensoße bestreichen. Den Käse in 1 Zentimeter dünne Scheiben schneiden und auf den Teig legen. Die Pizza nach Belieben belegen.

Den Pizzastein 15 Minuten vorheizen.

Jetzt die Pizza auf den leicht bemehlten Stein geben, Deckel schließen und bei etwa 250 °C direkter Hitze backen. Noch 7–10 Minuten, dann ist die Pizza fertig.

Barbecue-Flammkuchen mit gegrillter Hühnerbrust und Kirschtomaten

Flammkuchenteig

15 g	Germ
3 Zweige	Rosmarin
6 Zweige	Thymian
250 g	Mehl glatt
	Salz, Zucker

Belag

6 Stängel	Petersilie
½ Bund	Schnittlauch
150 g	Sauerrahm
2 EL	Senf
	Pfeffer aus der Mühle
	Chili aus der Mühle
2 EL	Honig
2 EL	Walnussöl
2	Hühnerbrustfilets
12	Kirschtomaten
100 g	sommerliche Blattsalate, gemischt

Pizzastein (auf direkter Flamme ca. 15 Minuten vorheizen)

Für den Flammkuchen Germ in 125 ml lauwarmes Wasser bröckeln und glatt rühren. Rosmarin und Thymian waschen, trocken schütteln, die Nadeln und Blätter abzupfen und fein schneiden. Das Mehl, je 1 Prise Salz und Zucker sowie die Kräuter in das Hefewasser geben und alles zu einem glatten, geschmeidigen Teig verkneten. Den Teig zugedeckt an einem warmen Ort 30 Minuten gehen lassen.

Für den Belag Petersilie und Schnittlauch waschen, trocken schütteln und fein schneiden. Den Sauerrahm mit Senf, Petersilie und Schnittlauch vermischen und mit Salz, Pfeffer und Chili abschmecken.

Den Honig mit dem Walnussöl zu einer Marinade verrühren. Die Hühnerbrüste mit der Marinade auf beiden Seiten dünn bestreichen, mit Pfeffer würzen und auf den heißen Grill legen. Je nach Dicke der Filets bei mittlerer direkter Hitze von ca. 200 °C auf jeder Seite sechs bis zehn Minuten mit Deckel grillen. Anschließend das Fleisch etwa 5 Minuten rasten lassen.

Den aufgegangenen Teig in vier Portionen teilen. Diese jeweils zu flachen ovalen Fladen formen und mit einer Gabel mehrmals einstechen. Die Fladen 2–4 Minuten pro Seite auf dem heißen Stein bei 250 °C direkter Hitze backen.

Die Kirschtomaten waschen und vierteln, die Salatblätter waschen und trocken schleudern. Die gebackenen Fladen großzügig mit der Sauerrahmmischung bestreichen, mit den Tomatenvierteln und den Salatblättern belegen. Die Hühnerbrüste in feine Streifen schneiden und auf die Fladen verteilen. Mit Salz und Pfeffer würzen.

Tipp: Als Alternative zur Hühnerbrust passt auch ideal eine zart rosa gegrillte Entenbrust oder ein Filetsteak medium gegrillt und in feine Streifen geschnitten.

Bärlauch-Flan mit Tomatenschaum und Taleggio-Soße

Flan

100 ml	Milch
200 ml	Obers
3	Eier
180 g	Bärlauch, geputzt und gewaschen
10 g	geriebener Parmesan
	Salz und Pfeffer aus der Mühle

Käsesoße

200 ml	Obers
100 ml	Rindsuppe
20 g	Butter
¼	Knoblauchzehe, fein gehackt
100 g	Taleggio-Weichkäse, alternativ Gorgonzola, Bergkäse oder Graukäse
	Salz, Pfeffer aus der Mühle

Tomatenschaum

1	Tomate
50 ml	Wasser
100 ml	Obers
	Salz, Pfeffer
1	gepresste Knoblauchzehe, eine Prise Zucker
1 EL	Speisestärke (Maizena), in etwas kaltem Wasser aufgelöst

Auflaufförmchen für ca. 170 ml
etwas weiche Butter und Brösel
zum Ausstreichen

Für den Flan den Bärlauch mit Küchenpapier trockentupfen, im Mixerglas mit der Milch und einem Ei fein aufmixen, mit dem Obers und den restlichen Eiern verrühren und mit Salz, Pfeffer und dem Parmesan abschmecken.

Die Formen zum Pochieren des Flan mit Butter und Bröseln ausstreichen. Die Bärlauchmasse einfüllen und die Formen zugedeckt mit Alufolie im Wasserbad im Grill indirekt bei 120 °C für 60 Minuten pochieren. Für die Druckprobe einen Flan mit dem Finger andrücken, wenn er leicht nachgibt, dann hat er die richtige, leicht schwammige Konsistenz.

Für die Käsesoße den Knoblauch in einem kleinem Topf in Butter anschwitzen, mit Obers und Rindsuppe aufgießen, leicht einkochen lassen und anschließend den Käse darin schmelzen. Mit Salz und Pfeffer abschmecken.

Für den Tomatenschaum die Tomate waschen, in Würfel schneiden und zusammen mit dem Wasser mit dem Stabmixer fein pürieren. Den Tomatensaft mit etwas Salz würzen, zehn Minuten ziehen lassen und durch ein feines Spitzsieb passieren. Den Tomatensaft mit dem Obers in einem kleinen Topf aufkochen, mit Pfeffer, Salz, Knoblauch und einer Prise Zucker abschmecken. Mit der in kaltem Wasser aufgelösten Speisestärke ganz leicht binden.

Die heiße Käsesoße auf den Teller geben, den Flan aus der Form stürzen und daraufsetzen. Den Tomatensugo mit dem Stabmixer aufschäumen und über den Bärlauch-Flan ziehen oder zusammen mit der Käsesoße im Glas servieren.

Bergkäse-Bärlauch-Grießtörtchen

Törtchen

½ l	Milch
1 EL	Butter
1 Prise	Salz aus der Mühle
110 g	Weizengrieß
50 g	Bergkäse, in Würfel geschnitten
2 TL	Parmesan, gerieben
1 Ei	getrennt
	weiche Butter zum Ausstreichen der Form
1 TL	geriebene Muskatnuss
1	verquirltes Ei

Tomatenceme

20 g	Butter
1	Schalotte oder kleine Zwiebel
1 EL	Mehl
1	Knoblauchzehe
1 Prise	getrockneter Majoran
1 Prise	getrockneter Oregano
1 EL	Mehl glatt
1 EL	süßer Paprika
250 ml	Rinds- oder Gemüsesuppe
250 g	Tomaten
	Salz, Pfeffer
	feuerfeste Auflaufförmchen

Für das Bergkäsetörtchen die Milch zusammen mit der Butter, dem Salz und der geriebenen Muskatnuss zum Kochen bringen. Den Weizengrieß unter ständigem Rühren mit dem Schneebesen einlaufen lassen. Etwa fünf Minuten bei schwacher Hitze kochen lassen. Die Grießmasse von der Kochstelle nehmen. Das Eigelb zusammen mit den Bergkäse-Würfeln in die Grießmasse einarbeiten.

Die Masse fünf Minuten leicht auskühlen lassen. Währenddessen das Eiweiß mit etwas Salz zu Schnee schlagen und unter die Käse-Grießmasse heben. Runde, feuerfeste Keramik- oder Metallformen mit Butter ausstreichen und die Grießmasse mit einem Spritzsack nicht ganz bis oben hin einfüllen.

Den Grill auf 170 °C indirekte Hitze vorheizen. Die Grießtörtchen mit etwas verquirltem Ei bestreichen und mit Parmesan bestreuen. Die Backformen in ein Wasserbad mit kochendem Wasser (wichtig!) setzen und 20 bis 25 Minuten indirekt grillen.

Für die Tomatencreme Zwiebel oder Schalotte und Knoblauch fein hacken und in der Butter anschwitzen. Mit Mehl stauben, mit etwas Rindsuppe aufgießen und mit dem Schneebesen rühren, bis eine sämige Konsistenz entsteht.

Die ganzen Tomaten kurz in kochendes Wasser geben und nach einer Minute in Eiswasser abschrecken. Nun kann die Haut leicht entfernt werden.

Nach dem Schälen den Strunk entfernen, die Tomaten würfeln und zu den angeschwitzten Zwiebeln geben. Mit Rindsuppe aufgießen, Paprika, Majoran und Oregano hinzugeben und etwa 20 Minuten köcheln lassen. Danach mit dem Mixstab pürieren und mit Salz und Pfeffer abschmecken.

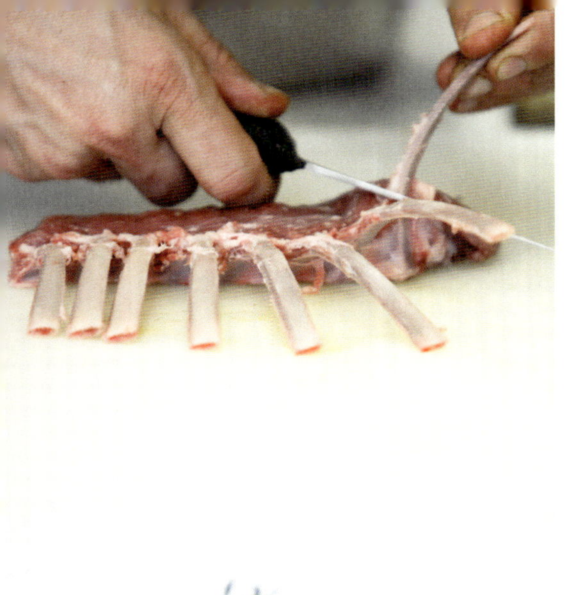

Lammkarree mit Kräuterrisotto

1	Lammkarree (küchenfertig, ca. 700 g mit Knochen)
2 Zweige	Thymian
2 Zweige	Rosmarin
3	Knoblauchzehen
3 EL	Olivenöl
	Salz, Pfeffer aus der Mühle

Risotto

ca. 1 l	Gemüse- oder Rindsuppe 300 g Risottoreis (Carnaroli, Rundkornreis)
40 g	Zwiebel, fein gehackt
100 g	Zucchini, in feine Würfel geschnitten
2 EL	Olivenöl
40 ml	Weißwein
30 g	Butter
20 ml	Obers oder 20 g Mascarpone
2 EL	geriebener Parmesan
	Salz und Pfeffer aus der Mühle
	frische Kräuter (Rosmarin, Thymian, Petersilie, Salbei, Schnittlauch)
	Gartenkresse zum Garnieren

Für das Lammkarree die Kräuterzweige waschen und trocken schütteln. Die Knoblauchzehen mit Schale halbieren. Das Lammkarree mit den Kräuterzweigen, den halbierten Knoblauchzehen und dem Olivenöl in einem großen Gefrierbeutel mindestens 30 Minuten ziehen lassen. Danach das Fleisch herausnehmen und die Marinade abtropfen lassen.

Die Gemüsesuppe in einem Topf erhitzen und würzen. Zwiebel in Olivenöl anschwitzen, den Reis beigeben und unter ständigem Rühren erhitzen. Mit dem Weißwein ablöschen, reduzieren lassen und mit der Suppe nach und nach aufgießen. Das Risotto langsam kochen lassen und immer wieder umrühren. Nach dem ersten Aufguss der Suppe beträgt die Kochzeit ungefähr 15 Minuten, der Reis soll noch bissfest sein. 5 Minuten vor Garende die Zucchiniwürfel dazugeben. Am Ende mit der Butter verrühren, mit Obers oder Mascarpone und Parmesan verfeinern und mit Salz und Pfeffer würzen. Die geputzten Kräuter hacken und in das Risotto einrühren.

Das Lammkarree bei 120 °C indirekter Hitze mit Deckel 4–5 Minuten von beiden Seiten garen. Anschließend weitere 4–5 Minuten bei direkter Hitze ohne Deckel fertig grillen, mit Salz und Pfeffer würzen und 5 Minuten ruhen lassen. Man kann das Lammkarree auch vorher auslösen.

Das Risotto auf die vorgewärmten Teller verteilen. Die rosa gegrillten Karreestücke schneiden und auf das Risotto legen. Mit der frischen Gartenkresse garnieren.

Lammrücken auf Tomatenragout mit Zitronenthymian-Polenta

1	Lammrücken (küchenfertig, ca. 700 g)
2 Zweige	Thymian
2 Zweige	Rosmarin
3	Knoblauchzehen
3 EL	Olivenöl
	Salz, Pfeffer aus der Mühle

Zitronenthymian-Polenta

½ l	Milch
	Salz
	frisch geriebene Muskatnuss
120 g	Polentagrieß
3 Stängel	Zitronenthymian
30 g	Butter

Tomatenragout

400 g	Cocktailtomaten (oder normale Fleischtomaten)
2 Zweige	Rosmarin
2 EL	Olivenöl
1 EL	Honig
100 ml	Obers
	Salz, Pfeffer aus der Mühle

Frischhaltefolie, Backblech

Für den Lammrücken die Kräuterzweige waschen und trocken schütteln. Knoblauchzehen mit der Schale halbieren. Das Fleisch mit den Kräuterzweigen, den halbierten Knoblauchzehen und dem Olivenöl in einem großen Gefrierbeutel mindestens 30 Minuten ziehen lassen.

Für die Polenta die Milch aufkochen, mit Salz und Muskatnuss würzen. Den Polentagrieß einrühren und bei schwacher Hitze unter gelegentlichem Rühren aufquellen lassen. Den Zitronenthymian waschen, trocken schütteln und die Blättchen abzupfen. Mit der Butter unter die Polenta rühren. Die Masse auf ein mit Frischhaltefolie ausgelegtes Backblech geben, ca. 1,5 cm dick aufstreichen und abkühlen lassen.

Das Fleisch herausnehmen und die Marinade abtropfen lassen. Den Lammrücken bei 120 °C indirekter Hitze mit Deckel 4–5 Minuten von beiden Seiten garen. Anschließend weitere 2–3 Minuten bei direkter Hitze ohne Deckel fertig grillen, mit Salz und Pfeffer würzen und 5 Minuten ruhen lassen.

In der Zwischenzeit kann man die abgekühlte Polenta in ca. 5 Zentimeter große Taler schneiden und auf dem Grill in einer Aluschale mit ein wenig Olivenöl mitgrillen.

Für das Tomatenragout die Tomaten halbieren oder vierteln. Den Rosmarin waschen, trocken schütteln und die Nadeln fein schneiden. In einer Aluschale oder im Wokeinsatz Olivenöl erhitzen. Die geschnittenen Tomatenspalten dazugeben. Die fein geschnittenen Rosmarinnadeln untermischen. Mit dem Obers aufgießen, salzen und pfeffern. Das Tomatenragout ein wenig einkochen lassen und mit einem Esslöffel Honig verfeinern.

Das fertige Ragout in der Mitte des Tellers anrichten. Die rosa gegrillten Koteletts daraufsetzen und die gegrillten Polenta-Taler als Beilage servieren.

Gegrillter Seesaibling auf asiatischem Spargelgemüse aus dem Wok

4	Seesaiblinge (küchenfertig)
1	Schalotte oder kleine Zwiebel
2	Knoblauchzehen
2 Zweige	Thymian
3 EL	Olivenöl
	Salz, Pfeffer aus der Mühle
etwas	Zitronensaft

Spargelgemüse

200 g	frischer Spargel (weiß oder grün), zugeputzt
2	Knoblauchzehen, geschält
1	Zwiebel oder Schalotte, geschält
5 EL	Sojasoße
2 TL	Sesamöl
1 Scheibe	Ingwer, geschält und in Streifen geschnitten
40 ml	Geflügel- oder Gemüsefond
1 Msp.	Miso- oder Wasabipaste
20 g	geröstete Pinienkerne
1	Chilischote nach Belieben
	Salz, Pfeffer aus der Mühle
	Olivenöl

Saiblinge waschen, Bauchinnenseite trocken tupfen. Innen und außen mit Salz, Pfeffer und etwas Zitronensaft würzen. Schalotte und Knoblauch schälen und in Streifen bzw. Scheiben schneiden. Den Thymian waschen und trocken schütteln. Das Olivenöl in einer Aluschale erhitzen und die Seesaiblinge in die Schale legen. Knoblauch, Schalotten und Thymian dazugeben und die Saiblinge bei 120 °C direkter Hitze ohne Deckel auf jeder Seite etwa zwei bis drei Minuten angrillen. Danach die Hitze reduzieren, den Deckel schließen und die Fischfilets weitere fünf bis sechs Minuten ziehen lassen. Anschließend noch einmal mit Salz und Pfeffer würzen.

Für das Spargelgemüse den kochfertigen Spargel in große Stücke schneiden. Die Knoblauchzehen und die Zwiebel in feine Würfel schneiden. Im vorgeheizten Wok Olivenöl erhitzen und anschließend Zwiebel und Spargelstücke darin anschwitzen. Knoblauch und Pinienkerne untermischen und mit der Sojasoße sowie dem Sesamöl und der Misopaste ablöschen. Den Fond und die Ingwerstreifen dazugeben. Nach Belieben die fein geschnittene Chilischote hinzufügen und alles mit Salz und Pfeffer abschmecken. Einige Minuten einkochen lassen.

Das Wokgemüse auf Tellern anrichten und die Saiblinge dazulegen.

Seeteufel im Ganzen gegrillt mit Wasabi-Gurkensalat

1 kg	Seeteufel
	Zesten von einer unbehandelten Zitrone
6 Zweige	Thymian
1 EL	Korianderkörner
	Kamillenblüten
1 TL	rosa Pfefferkörner
10 g	grobes Salz
1 TL	brauner Zucker

Wasabi-Gurkensalat

1–2	gartenfrische Salatgurken (je nach Größe)
2 TL	Wasabipaste oder -pulver (alternativ auch frisch geriebener Kren)
	Salz und Pfeffer aus der Mühle
1	Chilischote
etwas	Dill oder Koriander
250 g	Sauerrahm oder Crème fraîche
1 EL	Weißweinessig
1	Knoblauchzehe, gehackt

Zum Räuchern am besten Holzchips aus Lärchen-, Buchen oder Zirbenholz verwenden, auf keinen Fall Fichte, sie ist zu harzig. Als erstes die Holzchips für mindestens 20 Minuten in kaltem Wasser einweichen.

Den Seeteufel von Haut und Sehnen befreien. Die Zitronenzesten fein hacken. Die Thymianblättchen von den Zweigen zupfen und mit den Zitronenzesten, Korianderkörnern, Pfeffer, Kamillenblüten, Salz und Zucker ebenfalls in den Mörser geben und alle Zutaten gründlich zerkleinern.

Den Seeteufel mit dieser Trockenmarinade einreiben und für mindestens 30 Minuten zugedeckt bei Zimmertemperatur marinieren – oder am besten über Nacht im Kühlschrank ziehen lassen. Den fertig marinierten Seeteufel auf den vorbereiteten Grill bei 160–180 °C etwa 15 Minuten mit geschlossenem Deckel bei indirekter Hitze grillen. Anschließend die Holzchips aus dem Wasser nehmen, direkt auf die glühenden Briketts streuen und den Seeteufel für zwölf bis fünfzehn Minuten räuchern und fertig garen. Zum Schluss ohne Deckel fünf Minuten ruhen lassen.

Für den Wasabi-Gurkensalat die Gurken schälen und halbieren. Kerne entfernen und die Salatgurken in mundgerechte Stücke schneiden. Alle Zutaten vermengen und abschmecken.

Gegrillte Ananas

Zutaten für 8 Personen:

1–2	Ananas (je nach Größe)
3 EL	brauner Rohrzucker
4 cl	Rum
1 Msp.	Zimtpulver
2 EL	Staubzucker
	eventuell Vanilleeis oder Rum-Obers (Seite 112)

Die ganze Ananas der Länge nach aufschneiden, anschließend vierteln oder achteln. Die Stücke auf den Schnittseiten mit dem Rohrzucker bestreuen. Blattschopf nicht abschneiden, sondern mit Alufolie umwickeln, damit er nicht verbrennt. Die Ananas-Spalten von beiden Seiten direkt angrillen und anschließend mit der Schale nach unten in die Mitte des Grillrosts setzen und ca. 15 Minuten indirekt bei 160 °C grillen.

Das Fruchtfleisch mit dem Messer von der Schale lösen und in zwei Zentimeter große Stücke schneiden. Ananasstücke leicht versetzt wieder auf die Schale setzen. Mit Rum beträufeln und mit Staubzucker und Zimt bestreut servieren.

Salzburger Nockerl vom Grill

Zutaten für 4–6 Personen:

6	Eiklar
60 g	Zucker
3	Eigelb
30 g	glattes Mehl
1 EL	Vanillezucker
2 EL	Obers
	Butter und Zucker für die Form
	eine Prise Salz
4 EL	Preiselbeermarmelade (bei zwei Formen je zwei EL)

Eine Auflaufform gut mit Butter ausstreichen und mit etwas Zucker ausstreuen. Das Obers und die Preiselbeeren in der Mitte verteilen.

Die Eiklar mit einer Prise Salz zu Schnee schlagen, nach und nach den Zucker einarbeiten und den Eischnee sehr steif schlagen. Dotter, Mehl und Vanillezucker locker unterziehen. Drei große Nockerl in die Auflaufform setzen.

Im vorgeheizten Grill bei 200 °C kurz (10–12 Minuten) indirekt mit Deckel goldgelb backen. Anschließend mit Staubzucker bestreuen und sofort servieren. Dazu passen Preiselbeeren oder Zwetschkenröster (Seite 140).

SOMMER

Gefüllte Zucchiniblüten

4	Zucchiniblüten
150 g	gemischtes Antipasti-Gemüse aus dem Glas (z. B. klein gewürfelte Auberginen, Paprikaschoten, Artischocken)
75 g	Ricotta
1	Eigelb, hart gekocht
	Salz, Pfeffer aus der Mühle
	Chili aus der Mühle
1 EL	Olivenöl
4 Zweige	Thymian, abgerebelt

Für die Füllung das Antipasti-Gemüse abtropfen lassen, trocken tupfen und sehr fein würfeln. Ricotta und Eigelb unter die Gemüsewürfel mischen und die Masse mit Salz, Pfeffer und Chili abschmecken.

Die Zucchiniblüten ganz vorsichtig waschen, trocken tupfen und den Blütenstempel in der Mitte entfernen. Die Füllung in die Zucchiniblüten geben und die Blüten an den Enden zusammendrehen. Gefüllte Zucchiniblüten in eine Aluschale legen und Olivenöl und Thymian mit dem Pinsel darauf verteilen. Die Zucchiniblüten bei mittlerer indirekter Hitze von 160 °C im Grill bei geschlossenem Deckel 5–7 Minuten gar ziehen lassen. Zum Schluss mit Salz und Pfeffer würzen.

Gefüllte Seezungenröllchen auf Rote-Rüben-Carpaccio und Curryschaum

¼	Lauchstange
¼	Sellerieknolle
1	große Karotte
4	Seezungenfilets, ohne Haut
1	Schalotte oder Zwiebel
20 g	Ingwer
1	Knoblauchzehe
1	unbehandelte Zitrone
200 ml	Fischfond
	Salz und Pfeffer aus der Mühle

Curryschaum

70 ml	Obers
1	unbehandelte Limette oder Zitrone
1 Msp.	Currypulver
etwas	Zucker
50 g	eiskalte Butter
1 EL	geschlagenes Obers

Rote-Rüben-Carpaccio

2	Rote Rüben (vorgegart, vakuumverpackt)
	frischer, geriebener Kren
2 EL	Olivenöl

ein paar Gartenkräuter als Dekoration

Lauch putzen und waschen. Sellerie und Karotte putzen und schälen. Das Gemüse in 6 Zentimeter lange und 3 Millimeter dünne Streifen schneiden, getrennt in Salzwasser bissfest blanchieren, abschrecken und gut abtropfen lassen.

Die Seezungenfilets mit der Hautseite nach oben auf die Arbeitsplatte legen. Mit Salz und Pfeffer würzen. Die Gemüsestreifen quer auf die Filets legen und diese zusammenrollen. Mit einem Zahnstocher fixieren.

Schalotte und Ingwer schälen und in Streifen schneiden. Die Knoblauchzehe schälen und vierteln. Zitrone oder Limette mit der Schale in Scheiben schneiden und dazugeben. Etwas Limettensaft beiseite stellen. Den Fischfond mit den klein geschnittenen Zutaten in eine Auflaufform geben. Die Fischröllchen in die Auflaufform setzen und direkt im Grill zugedeckt 5 Minuten bei 160 °C direkter Hitze im Fond dämpfen. Anschließend herausnehmen, in Alufolie wickeln und warm halten.

Für den Curryschaum den Dämpffond mit Obers und Curry aufkochen und etwa 10 Minuten langsam einköcheln lassen. Anschließend durch ein Sieb gießen und mit Limettensaft, Salz, Pfeffer und Zucker abschmecken. Die Butter in Würfel schneiden, mit dem geschlagenen Obers in die Soße geben und mit dem Stabmixer schaumig aufmixen.

Rote Rüben in dünne Scheiben schneiden und auf dem Teller anrichten. Olivenöl darüberträufeln und frischen Kren daraufreiben.

Die gedämpften Seezungenröllchen auf dem Rote-Rüben-Carpaccio anrichten und mit dem Curryschaum und Gartenkräutern garnieren.

Kräuterbaguette

500 g	Dinkelmehl (oder Weizenmehl)
10 g	frischer Germ
300 ml	warmes Wasser
1 TL	Salz
	Rosmarin, klein gehackt
	getrocknete Tomaten oder Oliven, klein gehackt (je nach Belieben),
	grobes Meersalz

Pizzastein

Kräuterbutter
(Grundrezept für 4 bis sechs Portionen)

100 g	weiche Butter
1 TL	milder Senf
1 TL	Zitronensaft
1	Knoblauchzehe, fein gewürfelt
2 EL	Frische Kräuter (Estragon, Petersilie, Rosmarin, Thymian), fein gehackt
	Salz, Pfeffer

Chili nach Belieben

Den Grill indirekt auf 220 °C vorheizen. Den Pizzastein etwa 20 Minuten vor dem Backen auf den Grill legen.

Das Mehl mit Germ, Salz und dem lauwarmen Wasser zu einem glatten Teig verkneten. Oliven oder Tomaten nach Belieben hinzufügen. Mit einem Küchentuch abdecken und an einem warmen Ort auf die doppelte Menge aufgehen lassen.

Teig auf einer bemehlten Arbeitsfläche in zwei Hälften teilen. Pro Hälfte zwei aufgetaute Kräuterbutter-Rosetten auf dem Teig verstreichen. Anschließend jede Hälfte über der Butter zusammenklappen und zu einer Rolle von ca. 30 Zentimetern Länge formen, gegeneinander drehen. Auf ein mit Backpapier belegtes Backblech legen, mit Meersalz und Rosmarin bestreuen.

Im vorgeheizten Grill bei 220° C direkter Hitze 15 Minuten auf dem bemehlten Pizzastein backen, die Temperatur auf 200° C reduzieren und weitere 15 Minuten backen. Aus dem Grill nehmen, abkühlen lassen und genießen.

Die Zutaten für die Kräuterbutter in einer Schüssel glatt verrühren und in einen Spritzsack füllen. Rosetten auf ein Backpapier spritzen und in den Tiefkühler geben. Ca. 10 Min. vor dem Servieren aus dem Tiefkühler nehmen und auftauen lassen. Haltbarkeit: in einer Dose gut verschlossen im Kühlschrank ca. eine Woche, im Tiefkühler über einen Monat.

Spargelrisotto mit Rahm-Gurkensalat

100 g	weißer Spargel, vorgegart
ca. 1 l	Gemüse- oder Hühnersuppe
40 g	Zwiebeln, fein gehackt
2 EL	Olivenöl
300 g	Risottoreis (Carnaroli, Rundkornreis)
40 ml	Weißwein
30 g	Butter
20 ml	Obers oder Mascarpone
2 EL	Parmesan, gerieben
	Salz und Pfeffer aus der Mühle

Rahm-Gurkensalat

1–2	gartenfrische Salatgurken (je nach Größe)
	Salz und Pfeffer aus der Mühle
etwas	Dill
250 g	Sauerrahm
1 EL	Weißweinessig
1	Knoblauchzehe, gehackt

Für den Gurkensalat die Gurken schälen und halbieren. Kerne entfernen und die Salatgurken in dünne Scheiben schneiden. Alle Zutaten vermengen und abschmecken.

Den vorgegarten Spargel in kleine Stücke schneiden und beiseite stellen. Die Suppe in einem Topf erhitzen und etwas würzen. Zwiebel im Olivenöl anschwitzen, Reis beigeben und unter ständigem Rühren erhitzen. Mit dem Weißwein ablöschen, reduzieren lassen und mit der Suppe nach und nach aufgießen. Das Risotto langsam kochen lassen und immer wieder umrühren. Nach dem ersten Aufguss beträgt die Kochzeit ungefähr 18 Minuten, der Reis soll noch bissfest sein. Anschließend Butter untermengen, mit Obers oder Mascarpone, dem Parmesan und dem geschnittenen Spargel vermischen und mit Salz und Pfeffer würzen.

Asiatisches Gemüse mit frischen Thai-Chilischoten

120 g	rote und weiße Zwiebeln, geschält
1	Knoblauchzehe, geschält
2	kleine frische Chilischoten
400 g	bunte Paprika
2	Chicoréeherzen
einige	Kohlsprossen, geviertelt
5 EL	helle Sojasoße
3 TL	Sesamöl
100 ml	Olivenöl
2	Scheiben Ingwer, geschält und in Streifen geschnitten
100 ml	Geflügel- oder Gemüsefond (oder mehr, nach Belieben)
1 Msp.	Miso- oder Wasabipaste
150 g	Sojasprossen
etwas	Petersilie, gehackt
1 TL	Kartoffelstärke, in kaltem Wasser angerührt
	Salz und Pfeffer aus der Mühle

Mango-Essig-Mark

1	große reife Mango (ca. 250 g Fruchtfleisch)
½ bis 1 TL	getrocknete grüne Pfefferkörner
1 EL	Reisessig
1 EL	Ahornsirup
½ bis 1 TL	Sambal Oelek (oder Currypulver)
2 TL	Traubenkernöl
etwas	Meersalz

Kresse und Zitronenzesten als Dekoration

Die Mango schälen, das Fruchtfleisch vom Stein schneiden, würfeln und im Mixer pürieren. Pfeffer im Mörser grob zerstoßen. Das Fruchtpüree mit dem Essig, Ahornsirup und Sambal Oelek mischen, mit Salz und Pfeffer würzen. Das Öl tröpfchenweise unterrühren.

Zwiebeln, Knoblauch, Chilischoten, Paprika und Chicorée in Streifen schneiden. Kohlsprossen vierteln und das Gemüse mit etwas Sojasoße und Sesamöl marinieren. Im Wok das Olivenöl erhitzen und nacheinander Zwiebeln, Paprika, Knoblauch und Chilischote anbraten. Die restliche Sojasoße, Sesamöl, Ingwerstreifen und Misopaste verrühren und mit Fond aufgießen. Sojasprossen und Petersilie zugeben, mitschwenken und mit der Kartoffelstärke leicht binden. Nach Belieben mit Salz und Pfeffer nachwürzen und sofort servieren.

Die vorgewärmten Teller mit Mango-Essigmark garnieren, darauf das Woksauté anrichten und mit Kresse und Zitronenzesten bestreuen.

Gefüllte Paprika mit Ricotta

2	mittelgroße rote Paprika
2	mittelgroße gelbe Paprika
	Olivenöl
200 g	Mozzarella
150 g	Ricotta
2 EL	gehackte frische Oreganoblätter
1 EL	gehackte Thymianblätter
18	schwarze Oliven, entkernt und zerkleinert
3	Knoblauchzehen
	Salz, Pfeffer aus der Mühle

Die Paprika längs aufschneiden, sodass kleine, flache Hälften entstehen, welche gefüllt werden können. Samen und Scheidewände entfernen. Die Hälften mit Olivenöl bestreichen und mit der hohlen Seite nach oben auslegen. Den Mozzarella zerpflücken und auf den Paprikahälften verteilen. Mit Salz und Pfeffer würzen und den Ricotta darüberbröseln, anschließend Oregano, Thymian und Oliven darauf verteilen. Den Knoblauch mit etwas Olivenöl vermengen, mit Salz und Pfeffer würzen und etwa die Hälfte der Masse über die Füllung geben.

Bei mittlerer bis hoher indirekter Hitze von ca. 160 °C 6 Minuten grillen. Anschließend die restliche Ölmischung über den Paprikahälften verteilen und noch einmal 6–8 Minuten grillen, bis der Käse geschmolzen ist.

Gegrillte Hühnerstreifen mit frischen Thai-Chilischoten

350 g	Hühnerbrust
3 EL	helle Sojasoße
1 TL	Sesamöl
20 ml	Olivenöl
30 g	rote und weiße Zwiebel, gehackt
100 g	Paprikaschote, in Streifen geschnitten
1	Knoblauchzehe, gehackt
2	kleine frische Chilischoten, in Streifen geschnitten
1	Scheibe Ingwer, geschält und in Streifen geschnitten
1 Msp.	Miso- oder Wasabipaste
40 ml	Geflügel- oder Gemüsefond
50 g	Sojasprossen
etwas	Petersilie, gehackt
1 TL	Kartoffelstärke
	Salz und Pfeffer aus der Mühle

Die Hühnerbrust putzen, in Streifen schneiden und mit etwas Sojasoße und Sesamöl marinieren. Im Wok das Olivenöl erhitzen und nacheinander Zwiebel, Paprika, Knoblauch und Chilischoten anbraten. Die Filetstreifen dazugeben und scharf anbraten, mit der restlichen Sojasoße, Sesamöl, Ingwerstreifen und Miso- oder Wasabipaste verrühren und mit dem Fond aufgießen. Die Sojasprossen und die Petersilie zugeben, mitschwenken und mit der in kaltem Wasser verrührten Kartoffelstärke leicht binden. Nach Belieben mit Salz und Pfeffer nachwürzen und sofort servieren.

Schwarzbeer-Risotto

300 g	Risottoreis (Carnaroli, Rundkornreis)
ca. 1 l	Gemüse- oder Hühnersuppe
40 g	Zwiebeln, fein gehackt
2 EL	Olivenöl
40 ml	Weißwein
30 g	Butter
20 ml	Obers oder Mascarpone
2 EL	Parmesan, gerieben
	Salz und Pfeffer aus der Mühle
1 TL	Crème de Cassis

Schwarzbeersaft (ersatzweise auch schwarzer Johannisbeersaft)

Selleriechips

2 EL	Oliven- oder Rapsöl
¼	Sellerie, geschält und in feine Scheiben geschnitten

Beerenschäumchen

¼ l	Johannisbeersaft
1	Eigelb
1 EL	zerlassene Butter

Die Suppe in einem Topf erhitzen und etwas würzen. Zwiebeln im Olivenöl anschwitzen, den Reis beigeben und unter ständigem Rühren erhitzen. Mit dem Weißwein ablöschen, reduzieren lassen und mit der Suppe nach und nach aufgießen. Das Risotto langsam kochen lassen und immer wieder umrühren. Nach dem ersten Aufguss beträgt die Kochzeit ungefähr 18 Minuten, der Reis soll noch bissfest sein. Anschließend den Fruchtsaft in das Risotto rühren und mit ein wenig Créme de Cassis verfeinern.

Für die Selleriechips Selleriescheiben in einer Schüssel mit dem Öl vermengen und etwas ziehen lassen. Anschließend auf ein mit Backpapier ausgelegtes Blech legen und so lange bei ca. 170 °C im Herd backen, bis die Scheiben goldbraun werden.

Für das Beerenschäumchen den Saft im warmen Wasserbad oder am Herd mit dem Eigelb schaumig schlagen, unter ständigem Rühren Butter nach und nach einlaufen lassen. Anschließend schnell über das fertige Risotto geben.

Das Risotto auf die Mitte der Teller verteilen. Mit frischen Kräutern garnieren, Selleriechips und Fruchtschäumchen daraufsetzen.

Dorade in der Salzkruste

4	Doraden (ca. 500 g), geschuppt und ausgenommen
ca. 2,5 kg	grobes Meersalz
5	Eiweiß
	frische Kräuter (z.B. Rosmarin, Salbei)
etwas	Mehl
	Zitronensaft
	Salz, Pfeffer aus der Mühle
	Olivenöl
8	rohe festkochende Erdäpfel

Die Doraden waschen und die Flossen abschneiden – die würden beim späteren Filetieren stören. Anschließend die ausgenommene Dorade mit Rosmarin und Salbei füllen.

Zum Anrühren der Salzkruste zunächst das Eiweiß schaumig schlagen. Das Meersalz zusammen mit etwas Mehl zum Eischnee geben und gut durchkneten. Die Hälfte der Salzkruste auf einem mit Backpapier ausgelegtem Backblech oder in einer Aluschale oder Auflaufform verteilen. Die Doraden mit den Erdäpfeln auf das Salzbett legen und mit dem restlichen Meersalz gut bedecken.

Bei 180 bis 200 °C kommen die Doraden 30 bis 40 Minuten bei indirekter Hitze in den Grill. Danach wird mithilfe einer Küchengabel die Salzkruste „aufgemeißelt" und die Fische auf dem Salzbett filetiert. Mit Zitronensaft, Pfeffer und Olivenöl nachwürzen.

Tipp: Es ist für die Gäste ein besonderes Erlebnis, wenn die Dorade vor ihnen auf dem Salz filetiert wird.

Geräucherter Lachs auf Zedernholz

400–500 g	Lachsfilet, im Ganzen
1 EL	Senfkörner
1	unbehandelte Zitrone
2	Dillzweige
3 EL	Honig
200 ml	Olivenöl
	Salz, Pfeffer aus der Mühle
	Dillzweige zur Dekoration

1 Zedern- oder Buchenholzbrett

Am besten das Lachsfilet bereits am Vortag marinieren: Senfkörner (in einem Mörser) zerkleinern. Von der Zitrone nur die Schale in feine Streifen schneiden. Mit allen anderen Zutaten und dem Olivenöl vermischen und das Lachsfilet damit marinieren. Alles zusammen sorgfältig in eine Klarsichtfolie einpacken und in den Kühlschrank stellen.

Am Grilltag das Filet etwa eine Stunde vor Grillbeginn aus dem Kühlschrank nehmen. Das Zedernholzbrett 20 Minuten vor Gebrauch in kaltem Wasser einweichen. Den Grill auf etwa 150 °C direkt vorheizen. Das Lachsfilet salzen und pfeffern und auf das Zedernholz legen. Auf dem Grill 15 bis 20 Minuten bei 200–210 °C direkter Hitze und geschlossenem Deckel räuchern. Der Lachs sollte innen noch schön glasig sein und einen feinen Räuchergeschmack angenommen haben. Mit Dill dekorieren. Dazu passt das asiatische Wokgemüse (Seite 64).

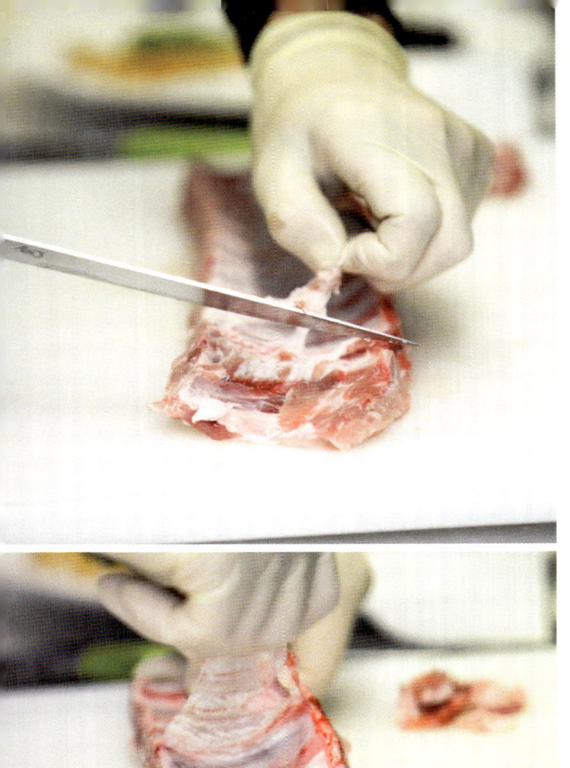

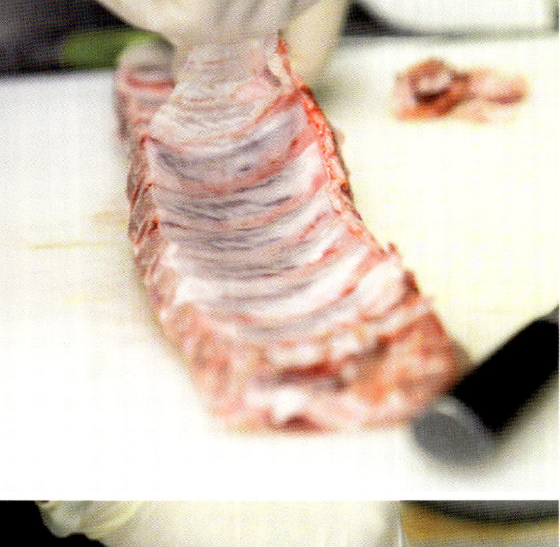

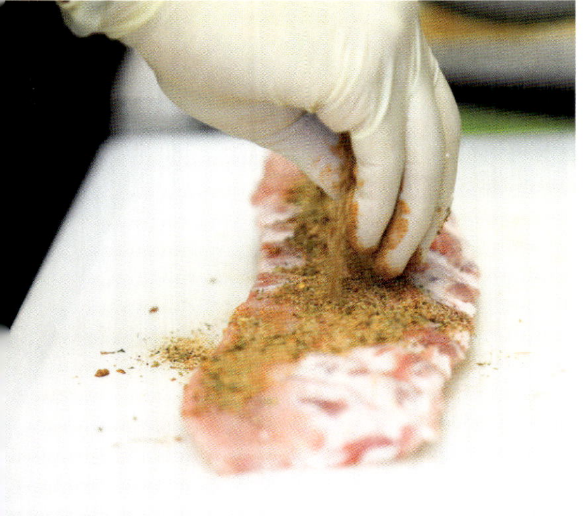

Kansas-City-Spareribs mit Sour Cream Dip

1,5 kg	Schweinerippe, am Stück
3 EL	Salz
2 EL	Paprikapulver
1 EL	getrockneter, gemahlener Kreuzkümmel
1 EL	getrockneter Oregano
2 TL	Zwiebelsalz
2	Knoblauchzehen, zerhackt
1 TL	schwarzer Pfeffer aus der Mühle
½ TL	Piment
½ TL	Zimtpulver
100 ml	Olivenöl
2 EL	Honig

Sour Cream Dip

150 g	Sauerrahm
50 g	Mayonnaise
1	Knoblauchzehe sowie
	beliebige Kräuter (z.B. Thymian, Rosmarin, Petersilie, Schnittlauch, Kerbel), gehackt
	Salz und Pfeffer aus der Mühle

Die Gewürze mit Olivenöl gründlich mischen. Das Fleisch mit der Gewürzmischung kräftig einreiben und mindestens 2 Stunden marinieren.

Für die Sauerrahmsoße alle Zutaten zu einem Dip mischen. Nach Belieben würzen.

Das Fleisch aus der Marinade nehmen, trocken tupfen. Die Silberhaut an der Unterseite der Rippenböden mithilfe eines Messers abziehen. Anschließend die Schweinerippe bei mittlerer Hitze 1–1 ½ Stunden im Sparerib-Halter bei 160 °C indirekter Hitze grillen. 20 Minuten vor Ende der Grillzeit mit der restlichen Marinade und ein wenig Honig bestreichen. Fünf Minuten ruhen lassen, in Portionsstücke schneiden und mit der Sauerrahmsoße servieren.

Dazu passen Folienerkartoffeln (Seite 102).

Rucola-Flan auf Gorgonzola-Soße

Flan

180 g	Rucola, gewaschen und geputzt
100 ml	Milch
3	Eier
200 ml	Obers
10 g	Parmesan, gerieben
	Salz und Pfeffer aus der Mühle

Auflaufförmchen für ca. 170 ml

Käsesoße

200 ml	Obers
100 ml	Rindsuppe
20 g	Butter
¼	Knoblauchzehe, fein gehackt
100 g	Gorgonzola, Taleggio, Bergkäse oder Graukäse
	Salz und Pfeffer aus der Mühle

zum Garnieren: eine Handvoll Vogerlsalat, geputzt und mariniert sowie etwas geriebener Parmesan nach Belieben

Rucola auf Küchenpapier trockentupfen, klein schneiden und mit der Milch und einem Ei vermischen, mit dem Obers und den restlichen Eiern verrühren und mit Salz, Pfeffer und dem Parmesan abschmecken. Die Formen mit Butter und Brösel ausstreichen. Die Rucolamasse einfüllen und die Formen zugedeckt mit Alufolie im Wasserbad im Grill indirekt bei 120 °C für 60 Minuten pochieren.

Am Ende einen Flan mit dem Finger andrücken. Wenn er leicht nachgibt, dann hat er die richtige, leicht schwammige Konsistenz.

Für die Käsesoße den Knoblauch in einem kleinem Topf in Butter anschwitzen, mit Obers und Rindsuppe aufgießen, leicht einkochen lassen und anschließend den Käse darin schmelzen. Mit Salz und Pfeffer abschmecken.

Den Flan aus der Form stürzen und daraufsetzen und auf ein mit dem Vogelsalat gefülltes Glas setzen, etwas Parmesan darüberstreuen. Dazu serviert man die Käsesoße.

Moosbeernocken mit Ananas-Espuma

Zutaten für 8 Personen:

Nocken

200 g	glattes Mehl
1	Ei
50 g	Feinkristallzucker
1	Prise Salz
½ kg	Moosbeeren (eventuell tiefgefroren)
5 EL	Wasser
	Butterschmalz zum Ausbacken
	Staubzucker

Ananas-Espuma
(für 0,5 l iSi-Gourmet Whip Plus-Siphonflasche)

0,5 l	Ananas-Saft (100 % Natursaft)
3 Blatt	Gelatine
	Zucker nach Geschmack

Sauerrahmeis

500 g	Sauerrahm
150 g	Staubzucker
	Saft und Abrieb einer unbehandelten Zitrone
50 ml	Obers

Ananas-Espuma am besten am Tag vorher vorbereiten: Den Ananassaft mit Zucker (nach Belieben) vermengen und solange rühren, bis er vollständig aufgelöst ist. Anschließend durch ein feines Sieb passieren. Die in etwas Wasser eingeweichte und ausgedrückte Gelatine zu dem noch warmen Ananassaft hinzugeben und unterrühren. Abkühlen lassen und in die Siphonflasche einfüllen. Kapsel aufschrauben und kräftig schütteln. Im Kühlschrank für mehrere Stunden kalt stellen.

Für das Sauerrahmeis alle Zutaten miteinander verrühren. Die Masse in der Eismaschine 20 bis 40 Minuten gefrieren lassen.

Für den Teig sämtliche Zutaten zu einer zähflüssigen Masse verrühren. Sollte man keine frischen Beeren zur Hand haben, kann man tiefgefrorene verwenden, sollte dann aber das Wasser abgießen.

Butterschmalz auf den rund 20 Minuten vorgeheizten Pizzastein aufstreichen. Anschließend aus dem Teig mithilfe eines Löffels Nocken formen und diese beidseitig direkt auf dem Stein bei mittlerer Hitze bei ca. 180 °C goldbraun grillen.

Ananas-Espuma in einem Glas auf den Teller geben und Moosbeernocken mit dem Eis daneben anrichten. Mit Staubzucker bestreuen.

Tipp: Wenn Sie keine Eismaschine haben, können Sie eine Metallschüssel mit der Eismasse 4–5 Stunden ins Gefrierfach stellen. Die Masse alle 30 Minuten kräftig durchrühren, damit sich keine Eiskristalle bilden und das Eis cremiger wird.

Warmer Schokoflan

4	Eier
150 g	Zucker
120 g	Schokolade
120 g	Butter
60 g	glattes Mehl
4 EL	Kakaopulver
	Butter und Zucker für die Formen

Ananas-Espuma oder andere Früchte als Püree, Sabayon oder Punsch-Sabayon
Flanformen

Eier und Zucker über heißem Dampf schaumig aufschlagen. In einer zweiten Schüssel Schokolade und Butter über Dampf zergehen lassen. Die beiden Massen miteinander vermengen, anschließend Mehl und Kakaopulver vorsichtig unterheben.

Förmchen mit Butter und Zucker ausstreichen und Masse einfüllen, sodass die Form zu zwei Dritteln voll ist. Bei 210 °C indirekter Hitze 7–10 Minuten backen, damit der Kern flüssig bleibt. Mit Früchtepüree, Sabayon oder Punsch-Sabayon (Seite 142) servieren.

HERBST

Gegrillte Feigen mit Ziegenfrischkäse

4	reife Feigen
60 g	Ziegenfrischkäse
1 Zweig	Rosmarin, weitere zur Dekoration
	Pfeffer und Salz aus der Mühle
4 EL	Balsamico-Reduktion (im Fachhandel erhältlich)
8	Scheiben gereifter Prosciutto

Feigen waschen, trocken tupfen und das Stielende abschneiden. Die Frucht nun kreuzförmig einschneiden (nicht ganz durchschneiden). Danach mithilfe eines kleinen Löffels den Ziegenfrischkäse in die Mitte der Feigen einfüllen.

Rosmarin waschen, trocknen, die Nadeln vom Stängel streifen und sehr fein hacken. Anschließend über den Frischkäse streuen, ebenso den frisch geriebenen Pfeffer und das Salz. Bei mittlerer indirekter Hitze (160–180 °C) in einer Alu-Auflaufform etwa 7–10 Minuten grillen. Die Balsamico-Reduktion dekorativ auf die Teller auftupfen und jeweils eine Feige darauf setzen.

Wer will, garniert den Teller noch mit weiteren Rosmarinzweigen. Deren frisches Grün bildet nämlich einen schönen Kontrast zum Lila der Feigen und zum Dunkelbraun der Balsamico-Reduktion. Mit Prosciutto und Tiroler Speckbrötchen (Seite 30) servieren.

Tipp: Balsamico-Reduktion kann man selbst machen, indem man Balsamico-Essig mit Zucker oder Honig so lange einkocht, bis er zähflüssig wird.

Gegrillte Jakobsmuschel mit Rote-Rüben-Risotto

Jakobsmuscheln

4	Jakobsmuscheln
1	Knoblauchzehe, gepresst
ein paar	Limettenzesten
etwas	Distel- oder Olivenöl
4 Halme	Zitronengras
	Salz, Pfeffer
etwas	Meersalz

Rote-Rüben-Risotto

ca. 1 l	klare Gemüse- oder Rindsuppe
300 g	Risottoreis (Carnaroli, Rundkornreis)
40 g	Zwiebeln, fein gehackt
2 EL	Olivenöl
40 ml	Weißwein
30 g	Butter
20 ml	Obers oder 20 g Mascarpone
2 EL	Parmesan, gerieben
	Salz und Pfeffer aus der Mühle
250 ml	Rote-Rüben-Saft

Die Jakobsmuscheln mit dem Knoblauch, den Limettenzesten und dem Oliven- oder Distelöl mindestens eine Stunde marinieren.

Für das Risotto die Suppe in einem Topf erhitzen und leicht würzen. Die Zwiebeln mit dem Olivenöl im Wok anschwitzen, Reis hinzugeben und unter ständigem Rühren erhitzen. Mit Weißwein ablöschen, reduzieren lassen und mit der Suppe nach und nach aufgießen. Den Risottoreis langsam kochen lassen und immer wieder umrühren, bis er bissfest ist.
Anschließend die Butter in das Risotto einarbeiten, mit Obers oder Mascarpone und Parmesan verfeinern, mit Salz und Pfeffer würzen. Den Rote-Rüben-Saft in das Risotto rühren und mit Salz und Pfeffer abschmecken.

Den Grill auf 200 °C direkt vorheizen. Die marinierten Jakobsmuscheln abtupfen und auf die Zitronengras-Halme stecken. Mit Salz und Pfeffer würzen und direkt etwa 3 Minuten auf jeder Seite grillen.

Das fertige Risotto auf den Tellern verteilen und die gegrillte Jakobsmuschel daraufsetzen. Mit der restlichen Marinade bestreichen und eventuell noch mit Meersalz bestreuen.

Kürbis-Soufflé mit Steinpilzen und Vacherin-Soße

Zutaten für 8 Personen:

500 g	Kürbis (Hokkaido oder Butternuss)
500 g	Schlagobers
7	Eier
1–2 EL	Mehl
2 EL	Nussbutter (Beurre Noisette)
	Butter zum Ausstreichen der Form
8 TL	Semmelbrösel oder geriebene Mandeln
	Salz, Pfeffer

250 g	Steinpilze
1	Knoblauchzehe
1 EL	Butterschmalz
	Salz, Pfeffer

Soße

250 g	Obers
150 g	Vacherin (Weichkäse aus Kuhmilch)
	Salz, Pfeffer

Acht Souffléförmchen oder Teetassen à ca. 75 ml

Kürbis, wenn nötig, schälen und in kleine Würfel schneiden, zusammen mit Schlagobers in einen Topf geben, etwas salzen und kochen, bis der Kürbis weich ist. Anschließend alles pürieren.

Eier in Eigelb und Eiklar trennen. Eiklar mit einer Prise Salz zu einem cremigen Schnee schlagen. Eigelb mit Mehl und dem abgekühlten Kürbispüree glatt rühren. Den Eischnee vorsichtig unter die Kürbismasse heben.

Soufflé-Förmchen oder Teetassen mit Butter ausstreichen und mit geriebenen Mandeln oder Semmelbröseln auskleiden. Die Masse in die Förmchen füllen und in eine Wanne stellen. Kochend heißes Wasser in die Wanne gießen, sodass die Förmchen zu 2/3 im Wasser stehen. Im Grill bei ca. 180 °C indirekter Hitze etwa 25 Minuten garen.

Achtung: Die Garzeit ist abhängig von der Größe und der Füllhöhe der Förmchen. Soufflés vor dem Stürzen ein paar Minuten rasten lassen.

Pilze säubern, große Exemplare halbieren oder vierteln. Knoblauch schälen und fein hacken. In einer beschichteten Pfanne Butterschmalz erhitzen. Knoblauch und Pilze zugeben und bei kräftiger Hitze kurz braten. Mit Salz und Pfeffer abschmecken.

Für die Soße Obers mit löffelweichem Vacherin kurz aufkochen, salzen, pfeffern und mit dem Pürierstab sämig aufschlagen. Mit der Pilzmasse vermischen und auf dem Teller mit dem gestürzten Soufflé anrichten.

Burger-Brötchen

Zutaten für 8 Brötchen:

200 ml	warmes Wasser
3 EL	warme Milch
2½ EL	Zucker
2 TL	Trockengerm oder ein Eckchen frischer Germ
1	Ei
480 g	Mehl, glatt
1½ TL	Salz
80 g	weiche Butter
	eventuell ein paar Sesamkörner zum Darüberstreuen

Wasser, Milch, Zucker und Germ in einer Schüssel vermischen. 5 Minuten stehen lassen. In der Zwischenzeit ein Ei aufschäumen.

Das Mehl mit dem Salz vermischen. Die Butter hinzufügen und mit den Fingern kneten, bis sich kleine Krumen ergeben. Die Milch-Mischung und das Ei mit einem Kochlöffel unterrühren, bis die Masse klumpt. Nun den Teig etwa 10 Minuten fest kneten, bis er seidig glänzt. Anschließend 1 Stunde an einem warmen Ort gehen lassen.

Aus dem Teig 8 Brötchen formen, auf Backpapier verteilen und nochmals eine Stunde gehen lassen. Den Ofen auf 200 °C vorheizen, eine Schüssel Wasser auf den Boden des Ofens stellen und die Brötchen etwa 15 Minuten backen, bis sie goldbraun sind.

Eventuell Sesamkörner darauf verteilen, auskühlen lassen.

Black-Thai-Burger mit Ingwer-Champignons

Burger

680 g	Rinderfaschiertes
1 EL	Petersilie, fein gehackt
1 EL	frische Minze, fein gehackt
1 EL	Limettensaft
1 EL	Fischsoße
1 EL	gehackte Jalapeño-Chilischote, mit Kernen
1 EL	Knoblauch, gehackt
1 TL	abgeriebene Limettenschale
1 TL	geriebener frischer Ingwer
etwas	schwarzer Pfeffer, frisch gemahlen

Pilze

50 g	Butter
30 ml	Erdnussöl
2 TL	geriebener Ingwer
250 g	Champignons, in Scheiben geschnitten
1 Msp.	grobkörniges Salz
1 Msp.	schwarzer Pfeffer, frisch gemahlen
4	Burger-Brötchen

Die Zutaten für die Burger in einer großen Schüssel vorsichtig mit der Hand vermengen. Vier Burgerlaibchen von gleicher Größe und einer Stärke von etwa 2 Zentimetern formen.

Für die Pilze die Butter in einer mittelgroßen Kasserolle bei mittlerer Hitze schmelzen. Ingwer und Pilze dazugeben und 4–6 Minuten unter gelegentlichem Rühren dünsten, bis die Pilze weich sind. Mit Salz und Pfeffer abschmecken. Beiseite stellen und warm halten.

Den Grill für direktes Grillen bei hoher Hitze vorbereiten (220 °C–250 °C). Burgerlaibchen beidseitig mit Öl einreiben und 8–10 Minuten bei direkter Hitze und geschlossenem Deckel grillen, bis sie rosa sind, dabei einmal wenden. Am Schluss die Brötchen kurz – etwa eine halbe Minute – bei direkter mittlerer Hitze von ca. 150 °C leicht rösten. Laibchen auf die gerösteten Brötchen legen, auf dem Teller mit den Pilzen servieren.

Mediterraner Muscheleintopf mit Topfen-Spinat-Tortellini

Tortellini

200 g	Mehl Type 700 (glattes Mehl)
175 g	Hartweizengrieß
4	Eier
	Salz
100 g	Blattspinat frisch
1	Schalotte
20 g	Butter
2 El	weißer Portwein
	Salz Pfeffer
250 g	Topfen
1	Eigelb
3 EL	frisch geriebener Parmesan
2 EL	Semmelbrösel

1 kg	Muscheln (Mies-, Herz- oder Venusmuscheln)
24	Kirsch- oder Cocktailtomaten
2	Knoblauchzehen
2	Frühlingszwiebeln, geviertelt
3	Dillzweige
8	Basilikumblätter
150 ml	Weißwein
400 ml	Fischfond
½ g	Safranfäden
8 EL	Olivenöl oder Limonenöl
1 Stängel	Zitronengras
	Salz, Pfeffer aus der Mühle

Für den Nudelteig Mehl, Hartweizengrieß, Eier und Salz zu einem gschmeidigen Teig verkneten und 1 Stunde im Kühlschrank rasten lassen. Anschließend und dünn ausrollen.

Für die Füllung den Blattspinat in kochendem Wasser 1 Minute kochen. Danach sofort mit Eiswasser abschrecken und klein hacken. Schalotte fein würfeln. Schalotte in Butter kurz anschwitzen. Mit Salz und Pfeffer würzen und abkühlen lassen. Topfen mit Blattspinat, Eigelb, Parmesan und Semmelbröseln verrühren und abschmecken. Die Fülle kalt stellen.

Die Hälfte des Nudelteigs dünn ausrollen. Restlichen Nudelteig bis zum Verarbeiten in Klarsichtfolie ruhen lassen. Den Teig dann mit der Nudelmaschine von Stufe 1–6 zu einer langen, dünnen Nudelbahn ausrollen. Dabei immer wieder mit ganz wenig Mehl bestäuben. Mit einem runden Ausstecher (5 cm Ø) Kreise ausstechen. Ei verquirlen. Die Nudelkreise auf einer Hälfte mit wenig Ei bestreichen und etwas Füllung daraufsetzen, zusammenklappen und zu Tortellini formen. Mit etwas Grieß bestreuen, damit sie nicht aneinanderkleben. Die Tortellini in reichlich kochendem Salzwasser 4–5 Minuten kochen. Mit einer Schaumkelle herausnehmen und mit kaltem Wasser abschrecken.

Muscheln und Tortellini sowie die weiteren Zutaten gleichmäßig auf vier runde, verschließbare Aluschalen geben. Weißwein und Fischfond auf die Aluschalen verteilen. Safranfäden über den Schalen aufreiben, Olivenöl darüberträufeln. Zitronengras in vier gleich große Stücke teilen und in die Aluschalen legen. Alles mit Salz und frisch gemahlenem Pfeffer würzen. Die Aluschalen mit einem Deckel luftdicht verschließen, auf dem heißen Grill bei 200 °C zuerst 5 Minuten direkt und dann ca. 10 Minuten indirekt grillen.

Das Grillgut aus den Aluschalen nehmen und auf Tellern anrichten.

Miesmuscheln im Rieslingsud

3 kg	Miesmuscheln
2 große	Zwiebeln, fein geschnitten
2	Knoblauchzehen, fein geschnitten
3	Selleriestangen, klein gewürfelt
100 ml	Riesling (trocken)
2 EL	Petersilie, fein geschnitten
2 cl	Pernod
	Salz, Pfeffer
etwas	Olivenöl

Kräuterbaguette (Seite 60)

Die Muscheln unter fließendem kalten Wasser gründlich waschen und – wenn nötig – abbürsten. Abtropfen lassen. Wok bei direkter Hitze aufheizen. Zwiebeln, Knoblauch und Sellerie in etwas Olivenöl anschwitzen. Muscheln hinzugeben, leicht salzen und pfeffern, mit Riesling und Pernod ablöschen. Alles kurz durchrühren. Deckel schließen und 4–5 Minuten köcheln lassen, abschmecken und mit Kräuterbaguette servieren.

Wichtig: Muscheln, die vor dem Waschen schon offen oder nach dem Kochen noch geschlossen sind, sind nicht zum Verzehr geeignet.

Beiried vom Rind mit Kartoffeln im Speckmantel

Beiried

ca. 800 g	gut gereiftes Beiried (Roastbeef) vom Rind
4	Knoblauchzehen, zerdrückt
1 Zweig	Rosmarin, gerebelt und gehackt
1 Zweig	Majoran, gerebelt und gehackt
1 Zweig	Thymian, gerebelt und gehackt
50 g	Senf zum Einreiben
reichlich	Olivenöl zum Marinieren
	Salz, Pfeffer aus der Mühle

Kartoffeln im Speck-Rosmarin-Mantel

12	vorwiegend festkochende, junge Kartoffeln, möglichst gleich groß
4	große Zweige Rosmarin
24	lange, schmale Scheiben Bauchspeck oder Frühstücksspeck
50 g	Butter
	Salz, Pfeffer aus der Mühle

Beiried mit Knoblauch, Rosmarin, Majoran und Thymian einreiben und in Olivenöl mindestens 3 Stunden marinieren.

Kurz vor dem Grillen die Marinade vom Beiried etwas abtupfen und jede Seite mit Salz und Pfeffer aus der Mühle sowie etwas Senf einreiben und würzen. Das Beiried wird in den Bratenkorb gelegt und bei 140–160 °C indirekt 1–1½ Stunden bei geschlossenem Deckel gegrillt. Nach der halben Garzeit wird das Fleisch noch einmal mit der Marinade eingerieben, das verleiht ihm mehr Geschmack.

Die Kartoffeln gründlich waschen und bürsten, in Salzwasser ca. 25 Minuten gar, aber nicht zu weich kochen. Wasser abgießen und die Kartoffeln abkühlen lassen.

Rosmarin waschen und trocken tupfen. Die Nadeln von den Zweigen streifen. Je zwei Speckscheiben leicht überlappend nebeneinanderlegen und mit gut drei Viertel der Rosmarin-Nadeln bestreuen.

Die Kartoffeln längs einschneiden und vorsichtig etwas auseinander drücken. Mit Salz und Pfeffer aus der Mühle würzen. Butterflocken in den Einschnitten verteilen. Anschließend die Kartoffeln wieder zusammendrücken und straff mit je zwei Speckscheiben umwickeln.

Grillschale auf den vorgeheizten Grill stellen und ein wenig Olivenöl daraufträufeln. Die Kartoffeln unter mehrmaligem Wenden 10–12 Minuten knusprig grillen, mit dem restlichen Rosmarin bestreuen.

Tipp: für einen intensiveren Geschmack das Fleisch bereits am Vortag marinieren und kühl stellen.

Rumpsteak vom Grill mit Folienkartoffeln und Speckbohnen

4	Rumpsteaks (ca. 200 g pro Stück)
4	große rohe Kartoffeln
etwas	Butter
	Salz, Pfeffer
	Knoblauch
	Salbei, Rosmarin, Thymian, gehackt
	Olivenöl zum Marinieren

4 Bögen Alufolie

Sauerrahmsoße

150 g	Sauerrahm
50 g	Mayonnaise
	Knoblauch und beliebige Kräuter (Thymian, Rosmarin, Petersilie, Schnittlauch, Kerbel)
	Salz und Pfeffer aus der Mühle

Speckbohnen

200 g	grüne Bohnen (gekocht)
4	Speckscheiben

Wenn möglich, schon am Vortag, ansonsten spätestens eine Stunde vor Grillbeginn die Rumpsteaks mit den Kräutern im Olivenöl marinieren.

Am Grilltag die Kartoffeln waschen und jeweils mit ein wenig Butter in Alufolie einwickeln. Auf dem vorgeheizten Grill bei 180 °C ca. 45 Minuten indirekt grillen.

Die Bohnen jeweils nebeneinander (etwa 10 Stück) auf eine Speckscheibe legen und darin einschlagen.

Den Grill auf ca. 200 °C vorheizen. Danach die Rumpsteakscheiben aus der Marinade nehmen, trocken tupfen und auf den heißen Grill legen. Nach 6 Minuten wenden und Deckel schließen. Wenn die Steaks „medium" sind, vom Grill nehmen und 5 Minuten warm stellen, eventuell in Alufolie einwickeln. Anschließend die vorbereiteten Speckbohnen auf den Grill legen und beidseitig grillen, bis der Speck knusprig ist. Salzen und pfeffern.

Für die Sauerrahmsoße alle Zutaten zu einem Dip mischen. Nach Belieben würzen.

Die Steaks auf dem Teller mit jeweils einem Speckbohnenröllchen sowie einer Folienkartoffel anrichten.

Rehrücken im Strudelteig mit Rahmkraut

ca. 500 g	zugeputzer Rehrücken (eventuell Knochen für den Jus verwenden)
5 EL	Rotwein
	Thymianzweige
3	Lorbeerblätter
1 TL	Wacholderbeeren
	Olivenöl
	Salz und Pfeffer aus der Mühle
2	Strudelblätter
etwas	flüssige Butter
2	Eidotter zum Bestreichen

Füllung

200 g	Hühnerfilet
2	Eiklar
125 ml	Obers
	Salz, Pfeffer aus der Mühle
eine Prise	geriebene Muskatnuss
80 g	Dörrpflaumen
½ Bund	abgezupfte glatte Petersilie

Rahmkraut

800 g	Weißkraut
1	Zwiebel
	Pfeffer, Salz
1 Msp.	Zucker
3	Wacholderbeeren
1	Lorbeerblatt
125 ml	Gemüsesuppe
125 ml	Prosecco
1 EL	Apfelmus
125 ml	Obers
1 EL	Speisestärke
2 EL	eiskalte Butter

Den fertig zugeputzten Rehrücken (am besten gleich vom Metzger zuputzen lassen) am Vortag in einer Marinade aus Rotwein, Thymian, Wacholderbeeren und Olivenöl einlegen. Dies kann auch schon zwei Tage vorher geschehen, das Fleisch wird dadurch zarter und aromatischer. Kühl stellen.

Für die Füllung das Hühnerfilet würfelig schneiden und eine halbe Stunde ins Gefrierfach geben. Anschließend gemeinsam mit dem Obers, dem Eiklar, der Petersile und den Gewürzen zu einer feinen Masse mixen. Dörrpflaumen würfelig schneiden und unter die Farce ziehen.

Die Rehrückenstränge im vorgeheizten Grill direkt bei 200 °C von beiden Seiten angrillen. Die Strudelblätter auf einer bemehlten Arbeitsfläche oder auf einem Tuch ausbreiten. Mit flüssiger Butter bestreichen. Die Rehrückenstränge mit der Farce bedecken und fest mit dem Strudelteig umwickeln. Anschließend mit Eidotter bestreichen und im Grill bei 170°C indirekter Hitze etwa 15 Minuten goldgelb grillen. Die Kerntemperatur sollte 54 °C betragen. Am Ende der Garzeit noch 5 Minuten warm halten.

Weißkraut putzen und hobeln. Zwiebel klein schneiden, in etwas Öl glasig anschwitzen und mit Zucker karamellisieren. Das Kraut dazugeben, würzen und durchrösten. Anschließend mit Gemüsesuppe und Prosecco ablöschen. Apfelmus dazugeben und zugedeckt weichdünsten. Speisestärke mit etwas Wasser verrühren und das Kraut damit binden. Eventuell noch mit eiskalter Butter verfeinern.

Den Rehrücken in Scheiben schneiden und auf dem Rahmkraut platzieren.

Hirschrücken auf Eierschwammerl-Ragout mit Rotweinbirne

ca. 600 g	zugeputzter Hirschrücken
5 EL	Rotwein
1 Zweig	Rosmarin
3	Lorbeerblätter
1 TL	Wacholderbeeren
	Olivenöl
	Salz und Pfeffer aus der Mühle

Rotweinbirnen

4	reife Birnen
150 ml	Rotwein
	Zucker
1	Zimtstange
2	Nelken
	Preiselbeeren

Eierschwammerl

300 g	Eierschwammerl
50 g	Speck
1 Zwiebel,	gehackt
100 g	Obers oder Crème fraîche
	Pfeffer, Salz
½ Bund	Petersilie, gehackt
etwas	Salbei und Rosmarin, gerebelt

Am Vortag die fertig zugeputzten Hirschrückenfilets in eine Marinade aus Rotwein, Rosmarin, Wacholderbeeren und Olivenöl einlegen. Dies kann auch schon zwei Tage vorher geschehen, das Fleisch wird dadurch zarter und aromatischer. Kühl stellen.

Die Birnen ebenfalls am Vortag vorbereiten. Schälen, dabei den Stiel dran lassen. Den Rotwein mit Zimtstange, Zucker und Nelken zum Kochen bringen. Anschließend vom Herd nehmen und die geschälten Birnen im Sud ziehen lassen, bis sie weich, aber noch bissfest sind.

Am Grilltag den Grill auf ca. 170 °C indirekter Hitze vorheizen. Das eingelegte Filet aus der Marinade nehmen und kurz trocken tupfen. Mit Salz und Pfeffer würzen. Das Fleisch auf den Bratenkorb legen und 15–20 Minuten bei indirekter Hitze und geschlossenem Deckel grillen. Die Kerntemperatur beim rosa Hirschrücken beträgt 56 °C. Kurz vor Garende das Fleisch von jeder Seite etwa zwei Minuten direkt grillen, dadurch erhält es das typische Grillmuster. Dann beiseite stellen und mindesten 5 Minuten warm halten.

Den Speck in kleine Würfel schneiden. Die gesäuberten Eierschwammerl im Wok mit den Speckwürfeln anbraten, bis die Flüssigkeit fast verdampft ist. Mit Obers aufgießen und 5 Minuten köcheln lassen. Danach Petersilie, Salbei und Rosmarin zum Ragout geben. Mit Salz und Pfeffer abschmecken.

Am Grilltag die Birnen aus dem Sud nehmen und in einer Auflaufform indirekt bei mittlerer Hitze etwa zehn Minuten mit Deckel grillen.

Anschließend das Ragout auf dem Teller anrichten. Das Filet in Scheiben schneiden und auf dem Ragout platzieren. Die gegrillte Rotweinbirne halbieren. Je eine Hälfte mit Preiselbeeren füllen und auf dem Teller anrichten.

Geräucherte Flugentenbrust auf Orangen-Rucola-Salat

4	magere Entenbrüste
5 EL	Olivenöl
1 Zweig	Rosmarin, gerebelt
1 Zweig	Thymian, gerebelt
	Salz und Pfeffer aus der Mühle

Orangen-Rucola-Salat

4	Bio-Orangen
1 Handvoll	Rucola-Salat
1	Chilischote oder Chilifäden
1 EL	weißer Balsamico
4 EL	Rapsöl

Zum Räuchern:
in Wasser eingeweichtes Zedernholz

Entenbrust bereits am Vortag auf der Hautseite rautenförmig (ca. 2 mal 2 Zentimeter) einschneiden. Aufgepasst: nur die Haut einschneiden, das Fleisch sollte nicht verletzt werden, da die Entenbrust sonst zu trocken wird. Danach in einer Schale mit Olivenöl, Thymian und Rosmarin marinieren und kalt stellen.

Am Grilltag die Entenbrüste bereits 1–1½ Stunden vor dem Grillen aus dem Kühlschrank nehmen, damit sie Zimmertemperatur annehmen können. Das ist entscheidend für ein optimales Grillergebnis!

Den Grill auf ca. 180 °C vorheizen. Entenbrüste aus der Marinade nehmen und leicht trocken tupfen. Mit Salz und Pfeffer aus der Mühle würzen und mit der Hautseite direkt auf den Grill legen. Nach 2 Minuten umdrehen und indirekt bei ca. 160 °C zwölf bis fünfzehn Minuten weiter grillen.

Etwa zehn Minuten vor Grillende das in Wasser eingeweichte Räucherholz auf die Glut legen, damit man den typischen Räuchergeschmack erhält. Zum Garende die Entenbrust aus dem Grill nehmen und 5 Minuten an einem warmen Ort ruhen lassen.

Für den Orangen-Rucola-Salat einige Zesten aus den gewaschenen Orangen reißen und beiseite legen. Danach die Orangen schälen und die Filets herauslösen. Den Rucola-Salat waschen und trocken schleudern.

Für die Marinade den weißen Balsamico mit dem Rapsöl, den Orangenzesten sowie mit Salz und Pfeffer mischen und abschmecken.

Den Rucola-Salat durch die Marinade ziehen und mit den Orangenfilets auf dem Teller anrichten. Nach Geschmack mit Chilifäden dekorieren. Die übrig gebliebene Essig-Öl-Marinade mit einem Löffel über dem Salat verteilen.

Zum Schluss die Entenbrust-Stücke in dünne Scheiben schneiden und auf den Tellern anrichten.

Preiselbeerbuchteln

Teig

20 g	Germ
50 g	Butter
250 g	gekochte und fein passierte Kartoffeln
250 g	Mehl
2	Eier
etwas	Salz
	Mark einer halben Vanilleschote
	Zucker nach Geschmack
etwas	lauwarme Milch
	Preiselbeermarmelade
	Paniermehl
	Butter zum Ausstreichen der Form

eine Auflaufform

Für die Preiselbeerbuchteln alle Zutaten in einer Schüssel miteinander vermischen und so lange kneten, bis sich der Teig vom Rand löst. Den Teig mit einem Tuch abdecken, an einen warmen Ort stellen und etwa eine halbe Stunde ruhen lassen. Dann daraus eine Rolle formen, kleine Stücke davon abschneiden und zu flachen Talern formen. Darauf einen Klecks Preiselbeermarmelade als Füllung geben und die Enden verschließen. Die Buchteln in eine gefettete, mit Paniermehl ausgestreute Form setzen und bei 180° C indirekter Hitze im Grill etwa 15 Minuten backen, bis sie braun sind.

Karamellisierte Bananen mit Rumobers

Zutaten für 6 Personen:

6	große Bananen, gewaschen
4 EL	Zucker
2 EL	Kokosnussraspeln
	abgeriebene Schale einer unbehandelten Orange

Rumobers

300 g	Obers
2 EL	Zucker
1–2 EL	Rum

Öl zum Bestreichen

Ein Backblech mit etwas Öl bestreichen und beiseite stellen.

In einem Topf 4 EL Zucker in 2 EL Wasser langsam erhitzen und auflösen. In 6–8 Minuten zu goldgelbem Karamell kochen. Von der Kochstelle nehmen, Kokosnussraspeln und Orangenschale unterrühren.

Das flüssige Karamell auf das eingeölte Backblech gießen und erstarren lassen. Dann in Stücke brechen und im Mixer zerkleinern.

Das Obers mit dem restlichen Zucker steif schlagen, Rum vorsichtig unterrühren. Bis zur weiteren Verwendung im Kühlschrank aufbewahren.

Die Bananen schälen und der Länge nach halbieren. Die Schnittflächen mit dem Karamell-Kokos-Pulver bestreuen. Bei mittlerer direkter Hitze von 140 °C mit Deckel 5 Minuten auf der Schnittseite grillen, bis das Pulver geschmolzen und golden ist.

Die karamellisierten Bananenhälften noch warm zusammen mit dem Rumobers servieren.

WINTER

Kartoffelgratin

500 g	festkochende, rohe Kartoffeln
1 Handvoll	frische Gartenkräuter (Kerbel, Petersilie, Schnittlauch, Thymian, Dill, Basilikum)
2	Schalotten, fein gewürfelt
½	Knoblauchzehe, fein geschnitten
100 ml	Obers
100 ml	Gemüsesuppe
25 g	Butter
150 g	geriebener Parmesan
etwas	geriebene Muskatnuss
	Salz und Pfeffer aus der Mühle
	Butter zum Ausstreichen der Auflaufform

Die Kartoffeln schälen und in zwei Millimeter dünne Scheiben schneiden – idealerweise mit einem Gemüsehobel oder einer Aufschnittmaschine. Eine Auflaufform mit der Butter ausstreichen und die Kartoffelscheiben aneinanderliegend hineinschichten. Schalotten und Knoblauch in Butter anschwitzen. Suppe, Obers und Kräuter dazugeben und kurz aufkochen lassen. Mit Muskat, Pfeffer und Salz würzen und anschließend über die Kartoffeln gießen. Zum Schluss den Parmesan darüberstreuen und im Grill bei 160 °C indirekter Hitze etwa 35–40 Minuten grillen. Anschließend etwas auskühlen lassen.

Hühnersatéspieße auf asiatischen Nudeln im Wok

4	Hühnerbrustfilets, küchenfertig
	Saft einer Zitrone
	Salz, Pfeffer
1	Knoblauchzehe, zerhackt
	Zitronenthymian, Salbei
	Olivenöl

250 g	Spaghetti, in Salzwasser gekocht
je 1	roter, grüner und gelber Paprika
1	Zucchini
1	Chilischote, gehackt
150 g	Austernpilze (oder andere Pilze der Saison)
etwas	Sojasoße
	Olivenöl
	Salz, Pfeffer aus der Mühle

Holz- oder Grillspieße

Die Hühnerbrustfilets der Länge nach in feine Streifen schneiden. Jeweils wellenförmig auf die Spieße aufstecken. Danach eine Marinade aus Olivenöl, Knoblauch, Zitronensaft, Salz und Pfeffer sowie den Kräutern anrichten.

Die vorgefertigten Spieße in die Marinade einlegen und etwa eine halbe Stunde ziehen lassen.

Für die asiatischen Nudeln den Grill vorheizen und die Wokpfanne daraufstellen. Etwas Olivenöl erhitzen und die Paprikastücke sowie die geschnittenen Pilze scharf darin anbraten. Anschließend die Sojasoße und Chilischote dazugeben. Danach die gekochten Spaghetti unterheben und ein paar Minuten mitbraten.

Die Hühnerspieße aus der Marinade nehmen und auf dem heißen Grill auf beiden Seiten direkt 6–8 Minuten grillen.

Die Nudeln auf die Teller setzen und das Hühnersaté darauf anrichten.

Gegrilltes Forellenfilet in der Folie

4	Forellenfilets, wenn möglich mit Haut (je ca. 120 g)
	Saft einer Zitrone
1	Karotte
½	kleiner Knollensellerie
2–3	Selleriestangen
1 kleine	Lauchstange
100 g	kalte Butter sowie etwas weiche Butter zum Ausstreichen der Alufolie
1	Zitrone
	Salz und Pfeffer aus der Mühle
	Alufolie

Als erstes die Karotte und den Knollensellerie schälen und dann das ganze Gemüse in sehr feine Julienne-Streifen schneiden. Die Gemüsestreifchen kurz im heißen Wasser 1–2 Minuten blanchieren und danach kalt abschrecken.

Den Grill auf 160 °C vorheizen. Vier Bögen Alufolie, die jeweils so groß bemessen sind, dass der Fisch darin gut verpackt werden kann, in der Mitte mit der weichen Butter bestreichen. Gerade so viel, dass der Fisch mit der Hautseite nach unten darauf Platz findet. Den Fisch auf der Alufolie mit etwas Salz, Pfeffer und Zitronensaft einseitig würzen. Dann das Gemüse darauf verteilen.

Die vier Päckchen oben fest zusammendrücken. Im Grill bei mittlerer indirekter Hitze von ca. 160 °C 4–5 Minuten grillen, so bleibt der Fisch schön saftig und ist in der Mitte noch etwas glasig. Die Grillzeit kommt auf die Größe der Filets an.

Erst nach dem Servieren auf dem Teller sollen die Gäste die Alufolie selbst öffnen.

Als Beilage eignet sich ideal ein Kräuterbaguette (Seite 60).

Weihnachtliches Zanderfilet mit Rahmwirsing und Rotweinzwiebeln

4	Zanderfilets (auch Karpfen oder Schleie, geschröpft)
	Salz, Pfeffer aus der Mühle
50 g	Butter
1	Zimtstange
	Sternanis
je 4	Pimentkörner, Pfefferkörner, Kardamomkapseln, Gewürznelken, Lorbeerblätter, Rosmarin- und Thymianzweige
2	Knoblauchzehen

Alufolie

Rahmwirsing

1 kleiner	Wirsing oder Kohlkopf
	Butter
125 ml	Obers

Rotweinzwiebeln

16	Perlzwiebeln oder 12 Schalotten
500 ml	Rotwein
2 EL	Zucker
1	Lorbeerblatt
1 Spritzer	Cassis
20 g	Butter
etwas	frischer Rosmarin und Thymian für die Garnitur

Den Grill vorheizen. Die Fischfilets waschen und trocken tupfen, anschließend salzen und pfeffern.

4 Stück Alufolie zum Einpacken der Filets vorbereiten. Etwas Butter, die Gewürze und jeweils eine halbe Knoblauchzehe auf jede Folie geben. Die Filets darauf setzen und in die Alufolie einschlagen wie ein kleines Packerl. Auf den vorgeheizten Grill legen und bei direkter mittlerer Hitze von 160 °C 4–6 Minuten garen.

Aus dem Wirsingkopf den Strunk herausschneiden, anschließend die Blätter lose im Salzwasser blanchieren und abtropfen lassen. Anschließend mit etwas Butter und dem Obers in einem Topf kurz köcheln lassen, mit Salz und Pfeffer abschmecken.

Die Zwiebeln mit dem Rotwein, dem Lorbeerblatt und dem Zucker auf etwa ¹⁄₁₆ Liter Flüssigkeit einkochen, mit Cassis abschmecken und mit der kalten Butter binden. Den Rahmwirsing auf dem Teller anrichten, die Filets aus der Folie nehmen und darauf legen, mit der Zwiebel-Rotweinsoße umgießen. Mit Rosmarin- und Thymiankräutern garnieren.

Tipp: Man kann den Rahmwirsing auch sehr gut im Wok zubereiten.

Karpfenfilet in Senfkruste auf Blutorangen-Püree

500 g	Karpfenfilets, geschröpft
	Salz und Pfeffer aus der Mühle
	Olivenöl
2 EL	scharfer Senf

Senfkruste

125 g	weiche Butter
40 g	Weißbrot- oder Semmelbrösel
1	kleine, gehackte Knoblauchzehe
1 EL	Rosmarin, gehackt
1 EL	Petersilie, gehackt
1 TL	frisch geriebener Parmesan
	Salz, Pfeffer aus der Mühle

Blutorangenpüree

500 g	mehlige Kartoffeln
1 l	Blutorangensaft
	Salz, weißer Pfeffer aus der Mühle
60 g	Butter
etwas	frisch geriebener Ingwer

Backpapier

Zunächst eine Gratiniermasse für die Senfkruste zubereiten: Die Butter schaumig rühren. Weißbrotbrösel, Knoblauch, Kräuter und Parmesan daruntermischen. Anschließend salzen und pfeffern. Mithilfe von Backpapier zu einer 3 cm dicken Rolle formen und kalt stellen.

Die Karpfenfilets in 4 Portionen schneiden, salzen und pfeffern. Die Filets in eine feuerfeste Form legen und ihre obere Seite dünn mit dem Senf bestreichen. Die Gratiniermasse in dünne Scheiben schneiden und dachziegelartig auf die Filets legen. Im vorgeheizten Grill bei ca. 200 °C indirekt 4–5 Minuten grillen.

Für das Blutorangenpüree den Saft auf ¼ Liter einreduzieren lassen – er sollte sirupartig sein. Kartoffeln kochen, schälen, und durch ein feines Sieb passieren. Mit dem heißem Orangensirup und der handwarmen Butter zu einem cremigen Püree verarbeiten, abschmecken. Eventuell noch etwas frisch geriebenen Ingwer in das Püree geben.

Das Püree mit einem Spritzbeutel auf die Teller auftragen und das gegrillte Karpfenfilet darauf platzieren.

Maispoulardenbrust auf Kürbispolenta

4	Maispoulardenbrüste mit Haut (je ca. 120 g)
80 g	Dörrobst (getrocknete Marillen, Pflaumen, Cranberries)
1 cl	Rum
30 g	Pinienkerne
30 g	Kürbiskerne
1 Zweig	Rosmarin
1 Zweig	Thymian

Kürbispolenta

1	Schalotte, gehackt
½ l	Milch
2 EL	Butter
50 g	Polentagrieß
150 g	Muskatkürbis
2 EL	Schlagobers

½ Bund Petersilie, gehackt
geriebene Muskatnuss nach Belieben
Salz, Pfeffer

Grill auf 160 °C vorheizen. Das Dörrobst fein würfeln und mit dem Rum beträufeln. Pinien- und Kürbiskerne ohne Fett nacheinander in einer Pfanne rösten, etwas abkühlen lassen, fein hacken und mit dem Dörrobst vermischen.

In die Maispoulardenbrüste jeweils eine tiefe Tasche schneiden oder die Haut untergreifen, mit der Dörrobstmischung füllen und gut andrücken. Eventuell mit Zahnstochern zustecken. Die gefüllten Brüste zuerst direkt von beiden Seiten angrillen. Ungefähr 10–12 Minuten indirekt fertig garen und zum Schluss mit Salz und Pfeffer würzen.

Für die Kürbispolenta die Milch mit einem Esslöffel Butter aufkochen und mit Salz und geriebener Muskatnuss würzen. Den Polentagrieß nach und nach unter ständigem Rühren einstreuen. Die Hitze reduzieren und den Grieß unter gelegentlichem Rühren aufquellen lassen. Das Kürbisfleisch fein würfeln. Die restliche Butter schmelzen, Schalotte und Kürbiswürfel darin anschwitzen, bis sie etwas Farbe haben. Mit Salz, Pfeffer und geriebener Muskatnuss würzen und in die Polenta einrühren. Einen Esslöffel Petersilie zusammen mit dem Schlagobers in die Polenta einrühren.

Die Kürbispolenta auf den Tellern verteilen. Poulardenbrüste in Tranchen schneiden und darauf anrichten, mit der restlichen Petersilie garnieren.

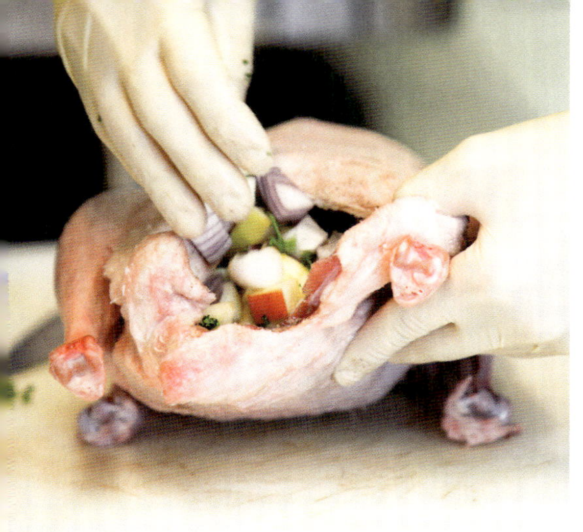

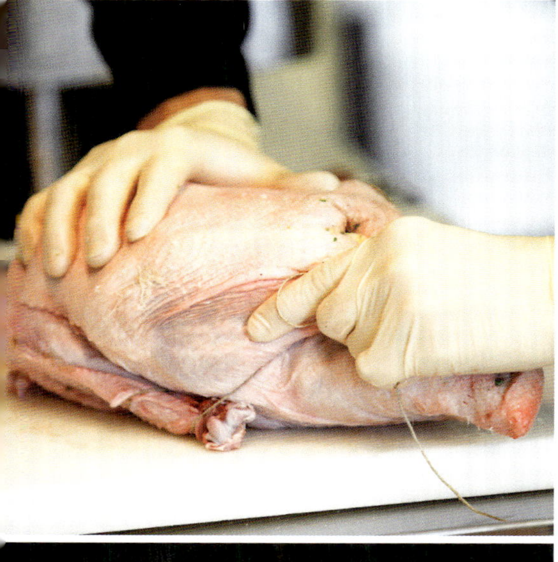

Weihnachtsgansl mit Rotkraut und gegrillten Serviettenknödeln

1	Gans (ca. 3,5 kg)
2	Äpfel
1	Zwiebel
	Majoran oder idealerweise Beifuß
	Salz, Pfeffer aus der Mühle

Soße

1	geschnittener Apfel
2 EL	getrockneter Majoran
1 EL	Zucker
1 EL	Ketchup
½ l	Rotwein
	Salz, Wasser zum Aufgießen

Rotkraut

1 mittlerer	Kopf Rotkraut
3	Zwiebeln
4 EL	Preiselbeeren
½ l	Orangensaft
½ l	Rotwein
2 EL	Schmalz
2 EL	Zucker
1 EL	Essig
1 TL	Kartoffelmehl
etwas	kaltes Wasser
1 EL	Suppenpulver

Serviettenknödel

250 g	getrocknete Semmelwürfel
250 ml	lauwarme Milch zum Einweichen
1 Zwiebel	(fein geschnitten)
2 EL	Butter
3	Eier
	Salz, Pfeffer aus der Mühle
1	Tuch, Garn

Die Gans mit heißem Wasser abwaschen (dadurch wird die Haut später noch knuspriger). Die Flügerl abschneiden und und die Gans innenseitig mit Salz und Majoran würzen. Äpfel und Zwiebel grob würfeln und mit den Gewürzen für einen besseren Fleischgeschmack in die Gans füllen. Anschließend die Flügerl in eine Auflaufform legen und die Gans mit der Brustseite nach oben darauflegen. Mit heißem Wasser zwei Finger hoch aufgießen und im vorgeheizten Griller bei ca. 140 °C indirekter Hitze 3½ Stunden braten. Dann die Hitze erhöhen und eine weitere Stunde bei etwa 180 °C grillen. Wichtig dabei ist, die Gans jede halbe Stunde mit der Flüssigkeit aus der Auslaufform zu übergießen.

Das gebratene Gansl aus der Auflaufform heben und warm stellen. Im Bratenrückstand den geschnittenen Apfel, Majoran, Zucker und Ketchup kurz durchrösten, mit Rotwein ablöschen, kurz aufkochen lassen und mit etwas Wasser aufgießen. Soße leicht verköcheln, passieren und mit Salz und Zucker abschmecken.

Für das Rotkraut die Zwiebeln schälen und in feine Streifen schneiden. Rotkraut ebenfalls in feine Streifen schneiden. In einer Pfanne das Schmalz erhitzen, Zwiebeln und Zucker hinzufügen und glasig anschwitzen. Rotkraut beigeben, durchrühren und mit Rotwein und Orangensaft aufgießen. Mit Preiselbeeren, Essig und Suppenpulver zugedeckt etwa 15 bis 20 Minuten weich dünsten. Kartoffelmehl mit kaltem Wasser vermengen und zum Rotkraut geben – dadurch erhält es einen schönen Glanz und eine bessere Bindung).

Für die gegrillten Serviettenknödel Semmelwürfel mit der Milch mischen. Zwiebel in aufgeschäumter Butter glasig anrösten und zur Semmel-Milchmischung geben. Die Eier im Mixer schaumig rühren und unter die Semmelmasse mischen. Mit Salz würzen, kurz ziehen lassen und gleichmäßig in das Tuch einschlagen. Mit dem Garn auf beiden Seiten zusammenbinden und in leicht kochendem Salzwasser ca. 20 Minuten ziehen lassen. Den fertigen Serviettenknödel aus dem Wasser nehmen und portionieren. Die Scheiben auf dem Grill direkt auf beiden Seiten angrillen.

Die Gans in gewünschte Stücke teilen, mit Bratensaft, gegrillten Serviettenknödeln und Rotkraut servieren.

Kaninchenrücken im Tramezzinimantel

4 Stück	Kaninchenrücken (am besten schon entbeint und zugeputzt)
4	Tramezzini-Rollen oder entrindetes Toastbrot
2	Eier
30 g	frischer Blattspinat, blanchiert

Füllung

200 g	Hühnerfilet
65 ml	Obers
2	Eiweiß
3 EL	Spinat, passiert
etwas	Trüffelöl
	Salz, Pfeffer

Karottencreme

250 g	Karotten, in große Würfel geschnitten
1 TL	Salz
½ Tasse	Obers
1 EL	kalte Butter
	Salz, Pfeffer aus der Mühle

Frischhaltefolie

Am besten am Vortag die Tramezzini-Rollen vorbereiten: Für die Füllung das Hühnerfilet in Würfel schneiden und 30 Minuten ins Gefrierfach geben. Anschließend mit Obers, Eiweiß, Spinat und Trüffelöl im Mixer zu einer feinen Farce verarbeiten. Mit Salz und Pfeffer würzen.

Den Kaninchenrücken salzen und pfeffern. Die Tramezzini-Rollen platt drücken und 2 Millimeter dick mit der Füllung bestreichen. Den gewürzten Kaninchenrücken mit den blanchierten Spinatblättern umwickeln und auf die mit Farce bestrichenen Tramezzini-Rollen legen. Den Rücken mit dem Tramezzini einrollen und auf eine ausgebreitete Frischhaltefolie legen. Anschließend in die Folie einwickeln und an den Enden fest eindrehen, sodass ein Bonbon entsteht. Für einige Stunden in den Kühlschrank stellen.

Karotten in Salzwasser ca. 25 Minuten lang zugedeckt kochen, bis sie sehr weich sind. Die gekochten Karotten abseihen und zusammen mit dem Obers, der kalten Butter sowie den Gewürzen zu einer glatten Creme mixen.

Den Grill auf ca. 180 °C indirekte Hitze vorheizen. Eier verquirlen und die aus der Folie gelösten Tramezzini-Rollen rundherum damit bestreichen und in einer Grillschale oder auf der Grillplatte mit ein wenig Butterschmalz goldbraun angrillen. Danach indirekt ca. 15 Minuten fertig grillen. Die Kerntemperatur sollte etwa 70 °C betragen.

Die Karottencreme mittig auf dem Teller anrichten und die Tramezzini-Rolle schräg durchschneiden und auf der Creme platzieren. Dazu passt ein Rucola-Flan (Seite 78).

Rehrücken in Rotweinsoße mit Zimtpolenta

ca. 600 g	zugeputzer Rehrücken
5 EL	Rotwein
1 Zweig	Rosmarin
3	Lorbeerblätter
1 TL	Wacholderbeeren
	Olivenöl
	Salz und Pfeffer aus der Mühle

Zimtpolenta

½ l	Milch
eine Prise	Salz
	frisch geriebene Muskatnuss
120 g	Polentagrieß
1 Msp.	Zimt, gemahlen
30 g	Butter
1–2 EL	Obers

Rotweinsoße

1 Bund	Wurzelgemüse (Sellerie, Karotten und Lauch), klein geschnitten
250 ml	Rotwein
1 EL	Tomatenmark
1 EL	Kaffeebohnen, grob gemörsert
125 ml	Wildfond (im Handel erhältlich)
	ein paar Abschnitte vom Rehrücken
	Lorbeerblatt, Wacholderbeeren
	Salz, Pfeffer aus der Mühle
	Zucker
1 EL	kalte Butter, gewürfelt

Die fertig zugeputzten Rehrückenfilets am Vortag in eine Marinade aus Rotwein, Rosmarin, Wacholderbeeren und Olivenöl einlegen. Dies kann auch schon zwei Tage vorher geschehen, das Fleisch wird dadurch zarter und aromatischer.

Den Grill auf ca. 170 °C indirekter Hitze vorheizen. Das eingelegte Filet aus der Marinade nehmen und trocken tupfen. Mit Salz und Pfeffer würzen. Das Fleisch auf den Bratenkorb legen und 15–20 Minuten bei indirekter Hitze mit Deckel grillen. Die Kerntemperatur beim rosa Rehrücken beträgt 56 °C. Kurz vor Garende das Filet 2 Minuten von jeder Seite direkt grillen, damit es das typische Grillmuster erhält. Danach 5 Minuten warm halten.

Für die Polenta die Milch aufkochen, mit Salz und Muskatnuss würzen. Den Polentagrieß einrühren und bei schwacher Hitze unter gelegentlichem Rühren aufquellen lassen. Zimt hinzufügen und Butter sowie das Obers einrühren, bis eine cremige Konsistenz erreicht ist.

Für die Soße die Abschnitte vom Rehrücken in einer heißen Pfanne mit etwas Öl scharf anbraten. Das Wurzelgemüse dazugeben und weiterrösten. Anschließend Tomatenmark hinzugeben, mit ein wenig Mehl stauben und mit dem Rotwein und dem Wildfond aufgießen. Die Kaffeebohnen und die Gewürze zur Soße geben. Bei mittlerer Hitze reduzieren lassen, bis sie dickflüssig ist. Abseihen, nochmals abschmecken und mit Butter binden.

Die Polenta auf dem Teller anrichten. Die Rehrückenfilets portionieren und daraufsetzen. Zart mit der Soße beträufeln.

Gegrilltes Schweinefilet im Kräutermantel

ca. 500 g	Schweinefilet, zugeputzt
2 Handvoll	frische Gartenkräuter (Kerbel, Thymian, Rosmarin, Schnittlauch und Petersilie), fein gehackt
3 EL	Dijon-Senf zum Bestreichen
	Olivenöl
	Salz, Pfeffer aus der Mühle
etwas	Balsamico-Creme

Das Schweinefilet noch von restlicher Silberhaut und Sehnen befreien. Etwa 3 Stunden vor dem Grillen mit der Hälfte der Gartenkräuter und dem Olivenöl marinieren und in einem Gefrierbeutel gut verschlossen kühl stellen.

Den Grill direkt vorheizen. Das eingelegte Schweinefilet aus der Marinade nehmen und abtupfen. Mit Salz und Pfeffer würzen und bei ca. 180 °C direkter Hitze auf beiden Seiten kurz grillen. Danach bei etwa 150 °C indirekter Hitze 40 Minuten weiter grillen. Wenn die Kerntemperatur bei 55 °C liegt, ist das Schweinefilet schön rosa gegart. Danach noch weitere 8 Minuten rasten lassen und anschließend mit Senf bestreichen. Das Filet in den restlichen Gartenkräutern wenden. Danach portionieren und auf den Tellern anrichten, mit etwas Balsamico-Creme beträufeln. Dazu passt Kartoffelgratin (Seite 116).

Kaiserschmarren mit Zwetschkenröster und Apfelmus

180 ml	Milch
100 g	Mehl
4	Eier
30 g	Zucker
50 g	Butter
40 g	Rosinen
1 Prise	Salz

Apfelmus

2 kg	Äpfel (Boskop oder Elstar)
6 EL	Zucker
1 Pkg.	Vanillezucker
1	Zimtstange
	Saft einer Zitrone
250 ml	Apfelsaft

Zwetschkenröster

300 g	Zwetschken, halbiert und entkernt
100 g	Zucker
50 g	Butter
100 ml	Rotwein
	Mark einer ½ Vanilleschote
½	Zitrone
1	Zimtstange
etwas	Speisestärke

Für den Zwetschenröster Zucker mit Butter karamellisieren und mit dem Rotwein ablöschen. Die Flüssigkeit auf ein Drittel reduzieren, die Zwetschken dazugeben. Mit der Zimtstange, dem Vanillemark sowie dem Zitronensaft leicht köcheln lassen, mit der Speisestärke binden.

Für das Apfelmus die Äpfel schälen, vierteln und das Kerngehäuse wegschneiden. Die Viertel dann in grobe Stücke schneiden und in eine Schüssel geben. Den Zucker in einem großen Topf bei mittlerer Hitze etwa 2 Minuten leicht karamellisieren lassen, da er sonst zu dunkel wird. Anschließend die Äpfel dazugeben und kräftig umrühren, bis sich der karamellisierte Zucker vom Boden löst. Mit Apfelsaft ablöschen, Zimtstange dazugeben, gut umrühren und zugedeckt bei niedriger Hitze ca. 20 Minuten köcheln lassen.

Sobald die Äpfel ganz weich sind – sie sollten mit der Gabel zerdrückt werden können – den Topf vom Herd nehmen. Anschließend Vanillezucker und Zitronensaft hinzugeben. Die Zimtstange entfernen und alles mit dem Pürierstab zerkleinern, bis die gewünschte Konsistenz erreicht ist.

Für den Schmarren Eier in Eiweiß und Eigelb trennen. Milch mit Salz würzen und mit Eigelb und Mehl zu einem glatten Teig verrühren. Aus dem Eiweiß zusammen mit dem Zucker einen steifen Schnee schlagen und unter den Teig ziehen.

In einer Auflaufform auf dem Grill die Butter erhitzen, den Teig hineingießen, anbacken, mit Rosinen bestreuen, wenden und bei mäßiger indirekter Hitze fertig backen. Anschließend den Schmarren in kleine Stücke zerreißen. Beim Anrichten mit Staubzucker bestreuen.

Lebkuchen-Soufflé mit Punsch-Sabayon

Zutaten für 6 Personen:

Lebkuchen-Soufflé

80 g	dunkle Kuvertüre
80 g	Butter
50 g	Zucker
4	Eigelb
140 g	Oblaten-Lebkuchen
4 cl	lauwarme Milch
1 Msp.	abgeriebene Zitronenschale
60 g	Walnüsse, klein gehackt
4	Eiweiß (kühlschrankkalt)
	Butter und Zucker für die Förmchen

Punsch-Sabayon

2	Eier
1 Schuss	Orangenlikör
3 EL	Zucker
4 cl	Rum
65 ml	Rotwein
1 Msp.	Punschgewürz

6 Auflaufförmchen

Für die Soufflés sechs Förmchen mit Butter sorgfältig ausfetten, mit Zucker (oder auch mit einer Zucker-Grieß-Mischung) ausstreuen und bis zum Gebrauch in den Kühlschrank stellen. Die Kuvertüre fein hacken und im Wasserbad auflösen. Butter und Zucker schaumig schlagen, Eigelb und die flüssige Kuvertüre nach und nach unterrühren.

Die Oblaten-Lebkuchen raspeln, mit der lauwarmen Milch anfeuchten und zusammen mit der Zitronenschale und den Walnüssen unter die Eimasse rühren. Eiweiß in einer fettfreien Schüssel steif schlagen und dabei den Zucker einstreuen. Zunächst ein Viertel des Eischnees unter die Soufflé-Masse heben, dann den Rest unterziehen. Die Formen bis knapp unter dem Rand mit der Masse füllen und im Wasserbad im auf 200 °C im vorgeheizten Grill indirekt 25–30 Minuten gar ziehen lassen.

Alle Zutaten für das Punsch-Sabayon in einen Topf geben und mit dem Schneebesen über heißem Wasserdampf zu einem dicken Schaum aufschlagen. Lebkuchen-Soufflés aus dem Grill nehmen, auf Teller stürzen und zusammen mit dem Punsch-Sabayon servieren.

3
5
5
5

Glossar

Beurre noisette: in der Pfanne geschmolzene, hell gebräunte Butter, deren Milcheiweiß durch ein Tuch passiert wird. Der karamellisierte Milchzucker verleiht ihr den leicht nussigen Geschmack und den Namen Nussbutter.

Black Tiger Garnelen (Giant Tiger Prawn): zählen zu den wichtigsten Zuchtgarnelen und haben zehn Ruderfüße, eine weiche Schale und keine Scheren. Geschätzt wird vor allem die feste Konsistenz ihres Fleisches. Ihre intensive rosa Färbung erhalten sie durchs Kochen.

Crème de Cassis oder schwarzer Johannisbeerlikör: eine französische Spezialität, die auf ein Rezept der Mönche von Dijon zurückgeht. Wird gerne für Cocktails verwendet und verwandelt Weißwein oder Sekt zum „Kir“, Champagner in den berühmten „Kir Royal“.

Dijon-Senf: wohl der bekannteste und pikanteste Senf aus Frankreich, benannt nach der Hauptstadt von Burgund. Er wird aus nicht entölten braunen und schwarzen Senfkörnern gewonnen, die im unvergorenen Saft unreifer Trauben eingeweicht werden.

Eierschwammerl (*Cantharellus cibarius*): im süddeutschen Raum heißen die Pfifferlinge so, oder auch Reherl. Ein beliebter Speisepilz, der zum Herbst gehört wie die fallenden Blätter.

Julienne: die Art, das zum Kochen verwendete Gemüse in hauchfeine Streifen zu schneiden.

Jalapeño-Chilischote: knackige grüne, etwa sieben bis acht Zentimeter lange mittelscharfe Chilischote, oft auch eingelegt im Glas erhältlich und in Ringe geschnitten.

Kerntemperatur: wird in der Mitte eines Bratguts gemessen und dient als Messgröße dafür, ob der Vorgang des Garens abgeschlossen ist. Für die Messung wird ein Bratenthermometer verwendet.

Kren: österreichisch für Meerrettich

Marille: Aprikose

Moosbeeren: Heidelbeeren oder Blau- bzw. Schwarzbeeren (reg. unterschiedlich)

Obers: in Österreich die süße Sahne oder Schlagsahne
Ricotta: italienisch für „die Wiedergekochte“, kaum süßlich und auch kaum fett, ist der leicht krümelige Ricotta ein Frischkäse aus Schaf- oder Kuhmilchmolke.

Rinderfaschiertes: Rinderhackfleisch

Rote Rüben: österreichisch für Rote Bete

Sabayon: eine im Wasserbad aufgeschlagene Weinschaumcreme, in ihrer italienischen Heimat auch Zabaglione genannt.

Sambal Oelek: scharfe indonesische Würzpaste auf Chilibasis aus Chilischotenpulver, Zitrone, Essig und Öl, erkennbar an der leuchtend roten Farbe.

Sauerrahm: Saure Sahne

Staubzucker: Puderzucker

Zesten: hauchdünne Streifen der äußersten, farbigen Schicht aus der Schale von Zitrusfrüchten oder Gemüse. Zu ihrer Herstellung dient der Zestenreißer, ein Küchenwerkzeug, dessen Klinge mit scharfkantigen Löchern versehen ist. Alternativ kann man auch einen Sparschäler verwenden.

Rezeptregister

Abkürzungen

g	Gramm
kg	Kilogramm
EL	Esslöffel
TL	Teelöffel
ml	Milliliter
cl	Zentiliter
l	Liter
Msp.	Messerspitze
Pkg.	Packung

Vitus Winkler

DER ESSENMACHER

2. Auflage, 216 Seiten, 22,5 x 22,5 cm
durchgehend farbig bebildert, Hardcover
ISBN 978-3-7025-0670-4

€ 25,–

Richard Rauch

EINFACH GUT KOCHEN

2. Auflage, 192 Seiten, 22,5 x 22,5 cm
durchgehend farbig bebildert, Hardcover
ISBN 978-3-7025-0719-0

€ 29,–